가독교
죄악사

하

사건 위주로 기술한,
성직자들이 저지른
2000년 죄악의 발자취

기독교 죄악사 하

"아버지여 저희를 사하여 주옵소서.
자기의 하는 것을 알지 못함이니이다."

조찬선 지음

평단

조찬선 목사님은 우리 교계의 어른이시고, 이화여자대학교의 교목으로 계실 때에는 형제처럼 지냈고 시골로 전도 여행도 여러 번 함께 다녔습니다. 조 목사님은 누구보다도 예수를 사랑하고 교회를 사랑하는 복음의 전도자이십니다.

목사님은 한국 교회뿐 아니라 세계의 모든 교회에 바로잡아야 할 문제가 많다는 사실을 깨닫고 그 원인을 파헤치는 가운데 지나간 2천년 동안 교회를 이끌어 온 지도자들에게 허다한 죄가 있음을 밝혀냈습니다. 돌을 던지려는 심정이 아니라 돌을 맞으려는 각오로 하나님의 '늙은 종'은 이 책을 엮었습니다. 누구나 읽어서 큰 깨달음을 얻으리라 믿습니다.

서울에서 김동길

이 특이한 책에서 조찬선 목사님은 역사적인 기록을 제시하면서 예수의 위대한 가르침에 따라 기독교를 개혁하자고 주장하신다.

평생을 영혼 구원과 사역에 헌신해 오신 80이 넘은 노(老) 성직자가 기독교인들뿐만 아니라 인류 전체가 한번 읽어 보고 타산지석(他山之石)으로 삼아야 할 역작을 엮어 내셨다.

많은 중대한 문제를 제기한 이 책의 일부의 내용에 반대하고 이견(異見)을 제시하는 사람들도 적지 않을 것이다. 그러나 예수의 가르침으로 돌아가자는 저자의 주장에 반대하는 사람들은 얼마 없을 것같다.

그런 의미에서 나는 21세기에 접어들어 출간되는 이 책을 높이 평가하고 추천하고 싶다.

한국 기독언론사 연합회 회장 / 서울에서 김경래

왜 인류가 지난 8,000년 동안이나 종교 문제 때문에 피를 흘려야만 했는가? 만일 인류 역사상 가장 발달된 선진 문화와 문명을 자랑하는 현대의 인류가 그러한 문제를 해결할 수 없다면 미래의 8,000년도 비슷하지 않겠는가 하고 생각한다면 다수의 인류가 경악을 금할 수 없을 것같다.

지금까지 이러한 책이 나오지 못한 근본적인 이유부터 추적해서 기독교가 하나님과 신앙이라는 이름으로 저질러 온 죄악을 입증하고 미래를 위한 종교 개혁안까지 제시한 이 한 권의 책은 온 인류가 다 읽어야 할 가치가 있다. 인류가 다같이 평화롭게 살 수 있는 길에 크게 공헌할 책이라고 믿어진다.

어떠한 일이 있어도 기독교가 인류의 말세를 자초하는 종교가 되어서는 안 된다는 것은 하나님의 뜻이기 때문이다.

예수를 믿는 기독교도여!

하나님의 뜻을 거역하면서 사는 것이 참된 종교생활이란 말인가?

'성전(聖戰)'을 불법화하고 모든 문제의 해결책을 평화스런 협의와 합의를 통하여 창출하자는 필자의 고견에 누가 반대할 수 있겠는가?

우리 다같이 주님의 이름으로 찬사를 보내자.

기독교인들이여!

예수께서 보여 주신 그 용기, 관용, 자비, 사랑 그리고 희생정신을 계승하는 일이 바로 예수님의 부활이며 참다운 복음이 아닌가? 우리 모두 합심하여 평화로운 인류의 미래를 위하여 노력하자.

명예 신학박사 /   서울에서 이백훈

본서는 숨겨져 있는 기독교의 죄악상을 폭로하여 기독교를 궁지에 몰아 넣으려는 의도로 엮어지지 않았다. 오히려 과거에 기독교가 저지른 죄악을 속죄하고 다시는 그러한 과오를 범하지 않도록 경종을 울리며, 또 기독교가 혁명적인 개혁을 통하여 진정한 예수의 올바른 가르침으로 되돌아가 인류에게 참다운 구원·희망·사랑·평등·평화 등을 보장하고, 타종교와 공존공영할 수 있는 새로운 종교로 혁신하게 하려는 것이 그 근본 목적이다. 즉, 이 책은 기독교의 근본인 사랑의 교훈을 정면으로 무시하고 위반한 성직자들의 감추어져 왔던 죄악상을 파헤치고, 미래 인류 사회를 위한 대대적인 종교의 개혁을 담고 있다.

역사(歷史)는 승자(勝者)의 입장에서 관찰되고 평가될 뿐만 아니라 승자의 논리대로 기록되기 때문에 패자(敗者) 편에서 보는 역사는 말살되거나 가려지기 마련이다. 다시 말하면 지금까지 대개의 세계사와 기독교사는 '강자의 정의' 라는 논리에 입각하여 강자의 사고방식에 따라 기록되어 온 것이 사실이다. 이런 '역사의 기만', 혹은 '위선의 역사'를 '진실의 역사'로 탈바꿈시킴으로써 가려져 있던 기독교의 역사와 숨겨져 있던 예수의 참뜻을 확인하고 인류 구원의 길을 모색하고자 한다.

좀더 구체적으로 말하면 지금까지의 거의 모든 세계사·기독교사 등은 승자인 서구인들이 그들의 입장에서, 그들의 사고방식과 가치관에 따라 선택하고 평가한 것을 기록한 것들이다. 그러므로 우리는 지금까지 승자의 눈을 통하여 본 역사를 읽었고, 그들이 가져다 준 기독교를 그대로 답습하였을 뿐만 아니라 그들이 번역하고 편집한 성경을 절대적인 것으로 받아들였다.

우리는 이제 우리의 입장에 서서 우리의 눈으로 세계사를 보고, 우리의 눈으로 기독교를 점검하며, 우리의 눈으로 인류 구원의 길을 모색하여야 할 전환기에 도달하였다.

본 저자는 편견 없는 역사관에 입각하여 세계사의 흐름 속에서 진실을 찾아내려고 한다. 과거를 정확하게 조명하여 종교의 정체를 파악하고 그 정확한 토대 위에서 현재를 향상시키고 미래를 전망하고 예측하면서 모든 종교와 인류가 나아갈 올바른 방향을 설정하려고 한다.

이러한 작업이 중세라면 종교재판에 회부되어 화형(火刑)에 처해질 만한 일일는지도 모른다. 그러나 세월은 흘러 진실을 밝힐 수 있는 때가 왔다. 또 진실이 숨을 쉴 때는 와야 한다. 그러므로 우리는 지금 시야를 넓히고 인류 전체의 역사를 객관화하며 진실을 파헤쳐서 인류의 눈을 뜨게 하고 의도적으로 역사를 왜곡시킨 사람들의 목적과 마음을 조명하면서 역사적인 진실을 패자 편에서 밝혀 보고자 한다.

　그렇다고 의식적으로 서구인들의 업적을 적대시하려는 의도는 조금도 없으며 또 그럴 필요도 없다. 다만 우리는 우리가 본 것을 인류에게 전하고 우리의 갈 길을 가려는 것뿐이다. 세례요한은 젊은 나이에 정의를 외치다가 희생되었다. 본 저자는 이 나이가 되어서야 겨우 정의를 외쳐 본다. 인류의 정의는 살아 움직여야 하기 때문이다.

　16세기 초에 천주교가 면죄부를 판매할 만큼 타락하였을 때 신부 마틴 루터(Martin Luther : 1483~1546)는 생명의 위협을 무릅쓰고 개혁에 나섰다. 그후 개신교 역시 오늘까지 약 400년간 성장하는 과정에서 과거의 천주교 못지않게 타락한 사실을 눈여겨보아야 하는데, 그 타락의 일부를 독자들은 본서에서 재확인하게 될 것이다. 교회 안에 정의는 살아 있는가? 교회 안에서 예수의 정신이 살아 있는 것을 본 일이 있는가? 기독교가 오랫동안 자기의 이익과 권익을 위해 살인·강도·강간 등의 비인권적 침략을 서슴지 않는 집단으로 전락한 사실이 있었다는 것을 알고 있는가?

독자들이 이 책에서 기독교의 정체를 발견하고 인류와 기독교와 또 모든 종교의 나아갈 방향을 발견하게 되기 바란다. 만일 기독교가 이런 상태에서 개혁되지 않으면 멀지 않은 장래에 박물관적 존재가 될 것이라는 미래학자들의 예측을 귀담아들으면서 본 저자는 제2, 제3의 루터의 출현을 재촉하는 뜻으로 이 책을 펴기로 결심하였다. 인류의 밝은 미래을 위해서 기독교의 개혁은 필수 조건이며 아울러 참다운 예수의 부활이 있어야 하기 때문이다.

　본 저자는 성직에서 은퇴하고 80고개를 넘으면서 다음 나라로 가기 전에 꼭 하나 할 일은 이 일이라고 확신하고 순교의 정신으로 유서를 써놓고 이 작업에 착수하려 하였으나, 이 일은 과거 2,000년 동안 누구도 손대지 못한 벅차고 또 중요한 일이었기에 감히 실천의 용기를 내지 못하던 차에 Doctor B.H.L을 만나 용기를 얻어 이 저서를 드디어 세상에 내놓게 되었다. 이 책이 나오기까지 물심양면으로 후원해 주신 여러분들께도 심심한 감사를 표한다.

미국에서, 다시 부활을 기다리며
조찬선

차 례(Contents)

하권

중요한 연대표

연 대	역 사
47억년 전	태양 출현
45억년 전	지구 탄생
30억년 전	바다에서 미생물 발생(지구에서의 생명의 기원)
5억년 전	물고기 발생
4억년 전	곤충 서식
2억년 전	공룡 서식, 6,500만년 전에 멸종
1억 5,000만년 전	조류 서식
5,000만년 전	말[馬] 서식
4,800만년 전	고래 서식
4,000만년 전	원숭이 서식
440만년 전	인간과 유사한 동물 서식
BC 350만년 전	두 발로 기립하여 사는 인간이 아프리카에서 출생
BC 170만년 전	위의 인간이 아프리카 출발
BC 7만년	인간이 불을 발견하고 도구를 사용함.
BC 40,000~15,000	동양인들이 얼음을 타고 베링해협을 지나 알라스카를 경유하여 북·중·남미 대륙으로 이주함.
BC 10,000~4,000	메소포타미아에 도시 형성. 바퀴·도자기 제조기술과 발달된 방법으로 농사 시작

BC 5,000	이란에서 포도주 생산
BC 5,000	북·중·남미에서 옥수수, 콩, 감자, 토마토 재배
BC 4,500~3,000	수메르족이 메소포타미아에 문자를 가진 도시국가 건설
BC 4236	천지창조(애굽인들이 선정한), 창세기의 창조보다 475년 빠르다. (주1 참조)
BC 4,004	창세기의 천지창조, 10월 23일 오전 9:00 천주교 학자들의 계산 (주 2 참조)
BC 4,000	중국에서 쌀농사 시작(태국은 BC 3,500년)
BC 3,761	창세기의 천지창조(The Traditional Date of Creation) 한국에서 '단기'를 사용하였던 것처럼 유대인들은 지금도 이 연도를 사용하고 있다.(주 3 참조)
BC 3,372	중미의 마야 문명이 달력 제작
BC 2,772	애굽에서 1년을 365일로 계산함.
BC 2,700	피라미드, 스핑크스 건설(애굽)
BC 2,348	노아 홍수
BC 약 2,000	아브라함이 갈대아 우르에서 출발, 유대교 시작
BC 약 1,900	소돔, 고모라 성 멸망
BC 1,750	함무라비 법전 반포(1901년 프랑스인 Susa가 발견)
BC 1,250	이스라엘 민족의 출애굽(모세가 인도)
BC 1,225	여호수아 가나안 땅 정복. 신명기 8:2에는 이스라엘 민족이 출애굽하여 40년간 광야에 있었다고 하였으나 역사의 기록에는 25년간으로 되어 있다.
BC 1,020~1,009	사울 왕 제1대 재위. 사도행전 13:21에서 사울왕은 40

	년간 왕위에 있었다고 하였으나 역사의 기록에는 11년으로 되어 있다.
BC 559	석가모니 탄생
BC 4	예수 탄생(BC 3, 4, 5, 6, 7년설도 있음)
AD 26	빌라도 유다지방의 총독 취임
AD 33	바울의 회심(다메섹 도상)
AD 313	콘스탄틴 로마 황제가 기독교 공인함.
AD 570	마호메트 탄생
AD 622	회교(Islam교) 창업
AD 637	회교도 예루살렘 점령
AD 1054	동서교회 분리(7월 16일)
AD 1096~1291	십자군 출동
AD 1232~1834	종교재판소 설치
AD 1380~1382; 1382~1388	존 위클리프 영어로 성경 번역 (Vulgate 라틴어 성경에서)
AD 1492	콜럼버스 중남미 도착
AD 1517	루터의 종교개혁(10월 31일)
AD 1524~1526, 1530	윌리암 틴들 영어로 성경 번역(희랍어 성경에서)
AD 1620	청교도 아메리카 상륙
AD 1620~1648	30년 전쟁(천주교 대 개신교)

주 1. The World Almanac and Book of Facts(1994~1995); (1996~1997); American Almanac(1996~1997); Castleden, R., The

Concise Encyclopedia of World History(1996); Hughes, J., Gen. ed., The Larousse Desk Reference(1995); 류형기 편, 단권성서주석(The One Volume Commentary on the Bible, 1976), Soongmoon Sa, pp. 913-916 참조.

주 2. 아일랜드의 아마그 교구의 대주교이며 역사가였던 제임스 어서(James Ussher, Archbishop of Armagh)가 연도(年度)를 추산하였으며, 케임브리지 대학교의 카샬린대학 학장이었으며 후일 부총장을 역임한 존 라이트풋(John Lightfoot, Master and later Vice-Chancellor of Catharine Hall, University of Cambridge)이 시일(時日)을 추산하였다고 기록되어 있다.

독실한 천주교인들이었으며 당대의 유능한 신학자로 존경받던 그들이 서기 1650년에 사용한 자료나 기준은 확실하지 않으나 그들의 계산에 의하면 기원 전 4,004년 10월 23일 아침 9시에 천지가 창조되었다고 한다.

Trager, J., The People's Chronology(revised and updated edition, 1992), p. 3; Grum, B., based upon Werner Stein's Kulturfahrplan, The Timetables of History(The new third revised edition, 1991), p. 294; Tannahill, R., Sex in History(revised and updated edition, 1992), pp. 14 & 459 참조.

그러나 수십억 년 되는 바위나 수억 년 되는 미생물의 화석은 물론 수백만 년 되는 인간의 화석을 본 현대의 과학자들은 그러한 천지 창조설을 믿지 않는다.

주 3. Webster's New Twentieth Century Dictionary, Unabridged Second Edition-Deluxe Color(1979), p. 984; 유대인 캘린더; Hughes, J., The Larousse Desk Reference, p. 208.

참고도서

Information Please, Almanac, 1997, 50th edition, Johnson, O., ed., Houghton Mifflin Co., Boston & New York, pp. 95~103.

Atlas & Year Book, 1996, 46th edition, Houghton Mifflin Co., Boston & New York.

The Book of Life, pp. 24-25, Gould, & J: General Editor, W. W. Norton Co., New York, London, 1993.

The Cambridge Factfinder Crystal, D. Editor, Cambridge University Press, 1993.

The Oxford Companion to the English Language, MaArthur, T., General Editor, Oxford University Press, 1992, pp. 116~125; 1059~ 1060; 1135.

제6장

유럽의 천주교인들이
중남미를 침략한 후에 나타난 죄악상

I. 천주교의 죄악은 통계가 증명하고 있다

아래의 통계 숫자(統計數字)[1]는 유럽인들이 중남미 지역(中南美地域)을 무력으로 침략하고 복음을 전파한 결과가 어떻게 나타났는가를 잘 보여주고 있다. 복음화된 원주민들은 혼혈이 되어 온갖 차별을 받으며 멸종 되거나 변종되어 가고 있다. 잉카·아즈텍·마야 문명 같은 그들 조상의 찬란한 문화도 흔적만 남아 있을 정도로 파괴되었다. 원주민뿐만 아니라 미래의 인류를 위해, 누구도 부정할수 없는 이 비극적인 기록을 전 인류가 주시하고 반성해야 한다.

콜럼버스의 뒤를 따라 중남미 지역에 침입한 유럽인들은 하나님의 이름으로 다음과 같은 무서운 죄악을 범했다.

에스파냐의 탐험가 피사로
(Francisco Pizarro, 1475?~1541)
가 페루로 항해할 때 타고 간 배.
그는 1533년 잉카 제국을 정복하여
에스파냐의 식민지로 만들었다.

---

1) 위의 수적 비교 자료는 *The World Almanac and Books of Facts* (1994~1997)와 *Information Please Almanac* (1997); The Larousse Desk Reference (1995) 및 UN의 기록을 참조하였다.

첫째, 영토 침략과 민족의 생존 위협 : 천주교인들이었던 침략자들은 원주민들의 영토를 100% 빼앗아 점령하고 원주민들의 생존권을 침해했다.

둘째, 혼혈과 민족성 상실 : 이미 60% 이상의 원주민들이 혼혈이 되어 민족의 순수성을 잃고 그들의 민족성을 상실했다.

셋째, 종교 침략과 신앙의 자유 박탈 : 자마이카와 수리남 등을 제외하면 천주교인들이 90% 이상의 원주민들을 천주교로 개종시켰다. 유럽인 정복자들은 철저하게 원주민들의 신앙의 자유를 박탈하여 수천·수만 년 동안 전래해 온 원주민들의 고유 종교를 대부분 말살해 버렸다.

넷째, 문화 침략과 언어 말살 : 침략자들은 원주민들의 찬란했던 전통문화와 문명의 말살정책을 철저하게 시행하였다. 특히 언어

원주민들을 '기독교도로 개종' 시키는 것 (프란시스코 수도회 소속의 수도사들이 맡은 임무)과 '부의 획득' 이 에스파냐가 남아메리카를 정복한 주요 이유였다.
그림은 페루인이 생각하는 대천사이다.
(**날개**를 단 에스파냐의 귀족이 **총**을 들고 있다.)

침략으로, 원주민들의 언어를 거의 다 말살하고 정복자들의 언어를 국어로 사용하도록 강요했다.

다섯째, 인종 차별과 침략 지역의 서구화:유럽인들에 의한 철저한 문화 및 인종 차별정책은 결과적으로 원주민들의 다양한 전통과 생활양식을 말살하고 획일적인 서구화를 초래하였다. 유럽에서 온 사람들은 원주민들의 혼혈 정도에 따라 각기 다른 명칭을 붙이고 등급을 만들어 차별하였다. 심지어 원주민들의 이름조차 서구화시켰다.

여섯째, 인구 감소:침략자들은 원주민들을 무차별 학살했을 뿐만 아니라 원주민들에게 면역성 없는 병균, 즉 천연두·매독 등의 병균을 전염시켜 원주민 말살정책을 시행했다.

일곱째, 자연생태계 파괴:원주민들은 유럽인들에게 정복당하기 전까지 자연환경을 훼손하지 않으며 살아왔었다. 원주민들의 고유 문화는 환경 친화적이었다. 그러한 자연생태계를 유럽인들의 문화·문명이 거의 다 파괴해 버렸다.

이것이 유럽에서 온 천주교인들이 중남미를 침략한 후에 자행한 현실로 지금까지 그 여파가 미치고 있다. 독자들은 이보다 더 악하고 잔인한 행위를 본 적이 있는가? 천주교인들은 인간이 인간에게 할 수 있는 최악의 죄악을 범했다. 그리고도 유럽에서 온 천주교인들은 중남미를 복음화하여 많은 영혼을 구원하였다고 만방에 선포하고 교황 성하의 축복 아래 성대하고 또 역사적인 감사 축하미사를 드렸을 것으로 추측된다. '땅 끝까지 이르러 내 증인이 된' 결과가 이러하다.

복음화란 진정 이런 것일까? 예수께서 이렇게 선교하라고 가르쳤을까? 누구를 위한 선교였는가? 분명한 것은 정복자들의 이익과 만족을 위한 침략적인 선교였지 결코 원주민들을 위한 선교는 아니었다. 비록 겉으로는 예수의 이름을 빙자한 선교요 복음 전파라고 하더라도 이러한 선교가 인류 사회를 위하여 필요한가? 이런 선교를 위하여 천주교인들은 물심(物心)을 바치고 날마다 선교를 위한 미사를 드려야 할 것인가? 예수 없는 선교를 위하여?

역사는 이 참담한 진실 앞에 왜 아무 말이 없고 아직도 심판을 게을리 하고 있는가? 타 지역의 많은 사람들은 진실을 알면서도 왜 함구하고 있는가? 아니면 그들은 이 엄청난 진실을 모르고 있었단 말인가? 인류는 이 사실을 어떻게 해야 할 것인가?

에스파냐의 귀족 계급은 남아메리카를 정복하고 원주민들을 노예처럼 혹사했다. 원주민은 영토와 주권을 빼앗긴 채 종으로 전락했다. 문화, 종교, 경제 등 모든 분야에서 철저한 말살이 자행되었다, 하나님의 이름으로…….

여기에 제시하는 수치는 위에 요약한 사실들을 증명하는 산 증거이다. 천주교인들이 중남미 지역을 선교하고 복음화시킨 결과는 이러했다. 많은 책에 나오는 기록과 통계가 이를 여실히 증명하고 있다. 종교나 문화적인 침략이 단순한 영토 침략보다 더 무섭고 더 치떨리는 것임을 증명하는 통계치를 살펴보자.

1. 아르헨티나(Argentina)

인구 : 약 34,680,000

전체 인구 중 백인 85%, 원주민·혼혈인(Mestizo : 스페인계 백인과 원주민 사이의 혼혈)·아랍계 및 아시아인 15%

남미에서 두 번째로 큰 나라에 원주민들이 왜 이렇게 적을까? 이러한 인구 분포는 무엇을 의미하고 또 무엇을 호소하고 있는가?

환 디아즈 디 솔리스(Juan Diaz de Solis)가 1516년에 발견한 아르헨티나가 스페인의 식민지가 된 후부터 그 아름답고 광대한 나라에서 살던 원주민들은 타국으로 탈출한 사람도 있겠지만, 땅을 빼앗고 원주민들을 착취하는 것이 목적이었던 유럽인들의 식민지정책에 시달려 죽거나 말살당하였다. 침략해 온 천주교인들의 욕망과 독선, 오만과 잔인성의 결과이다.

종교 : 천주교 92%

국어 : 스페인어. 모국어를 빼앗긴 원주민들은 외래어이지만 국어가 되어 버린 스페인어를 사용해 불편을 면할 수 있게 되었다. 정치·경제·문화, 특히 언어·사상·종교 면에서의 통제와 강요는 전세계적으로 볼 수 있는 식민지 정책의 공통된 잔인한 목표였으며 결과였다.

2. 볼리비아(Bolivia)

인구 : 약 7,165,000

케치워(Quechua : Kechua) 30%, 아이마라(Aymara) 25%, 혼혈인 (Mestizo) 25~30%, 백인 15%. 백인이 15%인데 인구의 95%가 천주교인이다. 원주민의 종교는 철저하게 말살되었다는 증거이다.

종교 : 천주교 95%, 개신교 1%

국어 : 스페인어, 케치워어, 아이마라어가 다같이 국어로 사용되고 있다.

3. 칠레(Chile)

인구 : 약 14,334,000

혼혈인(Mestizo) 66%, 스페인계 백인 25%, 원주민 인디언 3%, 유대인 및 기타 2%. 혼혈이 66%이고 순수 원주민은 3%뿐이라는 사실은 무엇을 뜻하는가?

종교 : 천주교 89%, 개신교 11%, 소수의 유대인과 회교도가 있다.

국어 : 스페인어

4. 콜롬비아(Columbia)

인구 : 약 36,814,000

스페인계 백인과의 혼혈인(Mestizo) 58%, 백인 20%, 순백인과 순흑인 사이에 태어난 혼혈인(Mulatto) 14%, 기타 8%

종교 : 천주교 95%

국어 : 스페인어

5. 코스타 리카(Costa Rica)

인구 : 약 3,464,000

백인이 절대 다수인 96%이며 약간의 혼혈인(Mestizo)이 있으나 원주민이 얼마 없다. 그 이유는 아르헨티나와 별로 다를 바가 없다 (종족 말살, 종교·문화 말살).

종교 : 천주교 95%

국어 : 스페인어

6. 쿠바(Cuba)

인구 : 약 11,000,000

혼혈인(Mulatto) 51%, 백인 37%, 아프리카계 흑인 11%, 기타 1%

종교 : 카스트로 정권이 탄생하기 전에는 천주교인이 85%였다. 현재는 그 수가 정확하지 않으나 로마 천주교계가 약 42%이며, 무종교가 49%로 기록되어 있다.

국어 : 스페인어

7. 도미니카 공화국(Dominican Republic)

인구 : 약 8,089,000

백인 16%, 혼혈 73%, 아프리카계 흑인 11%, 원주민은 혼혈 정책으로 거의 멸종되어 가고 있다.

종교 : 천주교 95%

국어 : 스페인어

8. 에콰도르(Ecuador)

인구 : 약 11,467,000

혼혈인(Mestizo) 55%, 원주민 25%, 스페인계 백인 10%, 아프리카계 흑인 10%

종교 : 천주교 95%. 10%밖에 안 되는 백인이 95%의 인구를 통치하고 있으며, 인구의 90%가 천주교인들이다.

국어 : 스페인어

9. 엘 살바도르(El Salvador)

인구 : 약 5,829,000

혼혈(Mestizo) 94%, 원주민 5%, 기타 1%.

인구의 94%가 혼혈인들이므로 순수한 원주민은 거의 멸종된 셈이다.

종교 : 천주교 75%. 약간의 개신교

국어 : 스페인어

10. 과테말라(Guatemala)

인구 : 약 11,278,000

혼혈인(Mestizo) 56%, 마야(Maya-Amerindian) 44%

종교 : 인구의 대부분이 천주교에 속한다. 이는 무엇을 뜻하는가?

국어 : 스페인어가 국어이나 마야인들은 자기들의 말을 사용하고 있다.

11. 온두라스(Honduras)

인구 : 약 5,605,000

혼혈(Mestizo) 90%, 기타 3%, 원주민 7%(원주민들은 혼혈로 멸종되어 가고 있다.)

종교 : 천주교 94%, 약간의 개신교

국어 : 스페인어

12. 니카라과(Nicaragua)

인구 : 약 4,273,000

혼혈(Mestizo) 69%, 백인 17%, 아프리카계 흑인 9%, 원주민 5%

종교 : 천주교 95%, 개신교 5%. 니카라과 국민은 100% 기독교인이라는 통계이다(원주민들의 고유 종교는 말살되었다는 증거이다.).

국어 : 스페인어

13. 파나마(Panama)

인구 : 약 2,655,000

혼혈(Mestizo) 70%, 서인도인 14%, 백인 10%, 원주민 6%, 여기도 원주민들은 혼혈로 멸종되어 가고 있으며 그들의 고유 종교는 말살되었다.

종교 : 천주교 93%, 개신교 6%

국어 : 스페인어

14. 파라과이(Paraguay)

인구 : 약 5,504,000

혼혈(Mestizo) 95%, 백인, 원주민, 아프리카계 흑인 약 5%, 혼혈 95%는 무엇을 의미하는가?

종교 : 천주교 97%. 이는 무엇을 말하고 있는가?

국어 : 스페인어. 원주민들은 구아라니(Guarani)어도 사용한다.

15. 페루(Peru)

인구 : 약 24,524,000

원주민 45%, 혼혈(Mestizo) 37%, 백인 15%, 약 3%의 아프리카계 흑인들과 약간의 아시아인들의 후손들이 살고 있다.

종교 : 천주교 90%, 약간의 개신교

국어 : 페루에는 스페인어와 케치워(Quechua : Kechua)어, 곧 두 개의 국어가 있다. 케치워어 는 원래 잉카족의 말이다. 그 찬란한 잉카 문화·문명은 스페인의 천주교 침략자들이 왕국을 멸망시킬 때 영원히 파괴되었으나, 그 잔인한 말살에도 불구하고 살아남은 후예들에 의해 말과 풍습은 남미 상당 지역에 아직도 잔존하고 있다. 또 아이마라(Aymara)어도 일부 원주민들이 사용하고 있다.

16. 우루과이(Uruguay)

인구 : 약 3,239,000

아이베리아(Iberian)와 이탈리아(Itallian)계 백인 88%, 혼혈(Mestizo) 8%, 아프리카계 흑인 및 혼혈(Mulatto) 4%. 백인이 88%라는 것은 무엇을 뜻하는가?

종교 : 천주교 66%, 개신교 2%, 유대교 2%, 기타 30%

국어 : 스페인어

17. 베네수엘라(Venezuela)

인구 : 약 21,984,000

혼혈(Mestizo) 67%, 백인 21%, 흑인 10%, 원주민 2%

종교 : 천주교 96%

국어 : 스페인어

18. 멕시코(Mexico)

인구 : 약 95,773,000

혼혈(Mestizo) 60%, 원주민(Amerindian) 30%, 백인 9%. 기타 1%.
여기에서 9%의 백인 천주교도들이 91%의 인구를 통치하고 있다.

종교 : 천주교 97%, 개신교 3%, 이것은 무엇을 의미하는가?

국어 : 스페인어. 원주민들 사이에서는 그들의 말도 사용된다.

II. 그 죄악에 대한 종합적인 분석과 결론

이상 18개국의 인구와 종교세력 분포를 종합해 보면 그 엄연한
현실이 다음과 같은 결론을 보여 주고 있다.

1. 중남미의 인구와 종교

1) 천주교 : 평균 전체 인구의 약 80% 이상이 천주교에 속한다.

2) 개신교 : 개신교 신도 수는 평균 5% 정도이다.

3) 기타 : 원주민들의 종교 분포는 명확하지 않으나 약 3~5%에
불과하다.

십자가를 든 신부와 잉카 추장
중남미에서 평균 인구의 80% 이상이
천주교라는 사실은 무엇을 의미하는가?
그들의 고유한 문화와 종교는 중남미에서
자취를 감추었다고 해도 과언이 아니다.
인간이 환경을 파괴하고 동물을 멸종시키듯이
천주교인들은 원주민들을 탄압했다.
원주민은 사람이 아닌가?

2. 침략과 선교가 가져온 원주민들의 혼혈

인구 면에서 파라과이와 엘 살바도르 같은 나라는 이미 혼혈인이
인구의 각각 95%와 94%에 달하고 있다. 남은 5%의 원주민이 언제
혼혈이 될지는 알 수 없으나, 이와 같은 현상이 계속되면 파라과이
와 엘 살바도르에서는 머지 않아 순수한 원주민이 다 없어지고 소
수의 백인들과 혼혈인들만 남게 될 것이다. 천주교 선교로 민족이
영원히 말살되어 가는 대표적인 예라고 할 수 있다. 적어도 그 문화
는 영원히 멸망했다고 보아도 과언이 아니다.

3. 천주교의 성공과 원주민들의 비애(悲哀)

이 통계는 종교·문화·경제적인 면에서 보아도 천주교 세력의 압
도적인 성공을 의미하는 수적 분포이다. 그러나 아르헨티나, 코스
타 리카, 우루과이 등에서 원주민보다 백인이 절대 다수라는 것은
무엇을 의미하는가? 또 상당수의 나라에서 혼혈인이 전체 인구의

과반수라는 것은 무엇을 증명하고 있는가? 동시에 중남미 전지역에서 소수 백인 천주교인들의 정치·경제·문화·종교 면에서의 압도적인 독점 통제는 무엇을 의미하는가? 멕시코도 예외가 아니다.

식민지 정책과 백인 우월주의가 남긴 후유증이 지금도 전북중남미(全北中南美)의 각 지역에서 인권 투쟁으로 나타나고 있다. 예를 들면 과테말라에서는 36년간 계속되어 온 원주민들의 게릴라 투쟁이 겨우 평화적으로 종결될 전망이다. 본서에서 지적한 바와 같이 멕시코의 일부 지역에서는 원주민들의 인권 투쟁이 게릴라 투쟁으로 전개되고 있다.

그러나 중남미에서 약 500년 동안 계속되어 온 소수의 백인 천주교인들에 의한 정치·경제·교육면에서의 독점 지배는 다수의 원주민들과 혼혈인들의 희망찬 앞날을 기약하는 것 같지 않다. 뿐만 아니라 아직도 백인의 가치관이 중남미를 지배하고 있기 때문에 흑인이나 혼혈인들은 차별받고 있다. 백인의 피부에 제도적으로 부착되어 있는 특권과 편견이 따라다니기 때문이다.

인권 투쟁 경력이 인정되어 노벨 평화상을 받은 젊은 과테말라 원주민 출신 멘추의 저서가 지적하는 것과 같이 인종 차별, 종교 차별, 언어 차별, 정치·경제적인 차별, 사회·문화적인 차별, 노동자 농민의 인권 탄압 등 침략자들의 식민지 통치정책이 남기는 전형적인 사회 부조리와 부당한 탄압·차별·착취 정책이 아직도 존속하고 있다.[2]

---

2) 백인들의 뿌리깊은 인종차별 언어

mulato - 흑백 제1대 혼혈인 / Quadroon - 흑인의 피가 1/4이 섞여 있는 혼혈인 / Octoroon - 흑인의 피가 1/8이 섞여 있는 혼혈인 / Mestijo - 스페인 인과

정복 국가인 에스파냐의 사제들은
원주민 선교에 주력하여 토착 종교를 누르고
천주교로 개종시키는 데 성공하였다.
그림은 한 사제가 죽어가는 원주민의 죄를
사해 주고 있다.
누가 누구의 죄를 용서해야 하는지 분간이 가지 않는다.
중남미의 현실을 감안할 때…….

그 구조적인 후유증에 시달려 자식들을 팔거나 죽이지 않으면 살 수 없는 극빈층 원주민들이나 혼혈인들은 하루하루를 어떻게 연명하느냐가 가장 중요한 현실 문제라고 보도되고 있다. 빈곤에 못 이겨 전 가족이 자살을 기도했는데, 어린아이들만 죽고 부모는 살아남았다는 보도도 있었다.

자연생태계와 전통적인 생활양식이 파괴된 상황에서 침략자들의 생활방식을 배워서 살아야 한다는 것이 얼마나 비참한 현실이 되어 왔는가를 고려하면 중남미 원주민들의 생활고를 충분히 짐작할 수 있다.

유럽인들의 침략이 원주민들의 말과 문화와 고유의 생활양식마

원주민의 혼혈인

* 백인들은 동양인을 yellow로 표시하는데 yellow에는 아래와 같은 뜻이 있다.
yellow belly - 겁쟁이, 비겁자 / yellow dog - 하등동물, 야견 / yellow fever - 황열병 / yellow flag - 전염병 환자가 있다는 표시의 깃발 / yellow journalism - 선정주의 /yellow peril - 황인종이 백인종의 문명을 앞도한다는 공포증

저 빼앗은 대가로 무엇을 주었단 말인가? 원주민들이 잘 아는 전통적인 수단이나 방법(의식주를 해결할 수 있는)을 다 파괴하고 그들의 땅까지 빼앗은 후에 미사만 드리면 살 수 있다는 말인가? 사실은 이것이 식민지 정책의 필연적인 선물이 아닌가? 다시 말하면 그들의 선교는 복음 전파가 아니라 선교라는 미명하에 벌인 식민지 개척이었다.

그 침략 과정에서 천주교의 역할은 무엇이었는가? 공범인가, 주범인가? 원주민들에게 천주교가 무엇을 가져다주었는가? 신앙의 자유인가? 선진문화생활인가? 혹은 치욕적인 굴복과 예속이었으며, 침략자들의 범죄를 정당화하고 용서하는 역할이었는가? 그것도 하나님의 이름으로?

자기 종교에 속하는 사람은 구하고 타종교에 속하는 사람은 죽인다면 전체 인류의 입장에서 볼 때 무슨 득이 있다는 말인가? 그것이 천주교의 선교정책인가?

조국과 말과 문화와 종교를 빼앗긴 원주민들에게 새로운 선진 문화생활을 소개하고 새로운 종교를 강요한 천주교가 과연 지난 500년 동안 원주민들에게 진정한 행복과 희망을 안겨 주었는가? 굶어 죽어도 성당에 가서 미사만 드리면 구원을 받을 수 있다는 말인가? 승자인 천주교인들의 자비에 따라 연명하고 승자의 말을 배워가면서 승자의 문화를 받아들여야 행복이 보장된다는 말인가?

선교라는 미명하에 총칼을 들고 들어가 원주민들을 죽이고 그들의 땅을 빼앗고 문화를 말살하고 민족을 혼혈로 만들어 멸종시키고 있지 않은가? 이것이 복음화인가? 이것이 땅 끝까지 이르러 그리스도의 증인이 된 성공적인 선교사업이었는가? 예수는 이런 선교를 명령하셨는가? 너무나 슬픈 역사적 비극이 아닌가? 누가 원주민들의 그 아픈 가슴을 달래 주랴. 하나님은 이때 어디 계셨는가? 500년 동안이나! 그리고 역사는 이러한 인류의 비극을 왜 지금까지 묵살하고 있는가?

먹고 살 수 없는 인간생활에 종교가 얼마나 큰 힘을 발휘할 수 있겠는가? 모두 다같이 잘 먹고 잘 살기 위한 종교라야 하지 않겠는가? 이 지구촌의 모든 인류가 다같이 먹고, 다같이 인생을 즐기고 살다가 죽는 화목한 인류사회 건설은 기대할 수 없는 공상에 불과한가? 종교가 도움이 될 수는 없는가, 아니면 방해물에 불과한가?

수천 년 동안 살아온 자기들의 조국 땅에서 침략자들에게 비인도적인 학대와 차별대우를 받으면서 살아온 원주민들과, 고향을 잃고 노예로 끌려온 흑인들의 자손들이 비인간적인 차별과 학대로부터 해방되는 날이 올 것인가? 이스라엘이나 남아프리카공화국처럼?

원주민들의 고통과 한은 천주교 세력이 중남미를 침략한 후에 나

십자가를 쳐들고 있는 에스파냐의 정복자
원주민에게 행해진 일체의 추악한 범죄는
'예수의 사랑' 이라는 미명하에 저질러졌다.
십자가의 보혈을 더럽힌 자는 누구인가?

타난 비참한 현실이며 동시에 전 인류에 대한 경고가 아닐 수 없다. 저자는 지금 누구도 부정할 수 없는 이 비참한 현실의 불의에 대한 인식과 각성을 양심 있는 정의의 인사들에게 호소하고 있다. 귀가 있고, 눈이 있고, 감정이 있는 자들은 들을 수 있고, 볼 수도 있을 것이며, 느낄 수도 있을 것이다. 세계 인류는 지금 이 엄연한 사실을 보고 듣고 느끼고 있는가? 원주민들의 한에 맺힌 그 원성이 들리는가?

침략자들이 이러한 결과를 처음부터 다 예측할 수는 없었겠지만, 천주교가 중남미를 철저하게 복음화 한 결과 전세계에서 천주교 신도들이 가장 많은 곳이 중남미가 되었다.

그러나 "백인들과 기독교가 그 지역에 들어가 복음화시키기 전보다 복음화된 이후에 원주민들이 더 행복해졌는가?" 묻지 않을 수 없다. 아니면 백인들과 복음화 때문에 원주민들, 흑인들, 혼혈인들은 영원한 3등 국민으로 전락되어 버리지 않았는가? 천주교는 그들에게 구원을 가져다주었으며 그들과 진정으로 하나님의 사랑을 나누었단 말인가? 그들은 500년 동안이나 천주교인들을 따라 미사와 기도를 드렸건만 그들에게 어떠한 결과가 나타났는가? 또 오늘의 참상은 언제까지 계속될 것인가?

4. 침략에 협조한 종교의 책임

종교는 응당 인류 사회에 해(害)가 되지 않고 도움이 되어야 한다. 그러면 중남미에서 천주교가 범한 그 잔인무도한 해독의 책임을 누가, 누구에게 물어야 하며 또 앞으로 어떠한 시정책이 마련되어야 할 것인가? 인류사회에 정의구현을 위한 역사적인 해답과, 침략과 인종 차별에 협력한 종교의 책임을 물은 후에 비로소 하나님의 공정한 판단을 기대해야 하지 않는가?

사람을 차별하고 인류사회를 분열·대립시키며 계급화 하는 종교는 필요 없다. 민족이나 인종을 차별하는 하나님의 존재를 주장하는 종교도 머지 않아 사라지게 될 것이다. 기독교의 입장과 책임은 어디에 있는가? 기독교는 이 책임과 사명을 자각하고 있는가?

5. 타민족, 타문화의 말살은 중지되어야 한다.

강자인 침략자들에 의하여 하나의 약소민족이 혼혈로 완전히 멸종되고, 그들의 전통 문화와 고유 종교와 언어가 이 지구상에서 완전히 사라진다는 것은 상상만 해도 치떨리고 소름이 돋는다. 뿐만 아니라 그 위에 침략자들이 가져온 문화를 생활화하고 그들의 언어를 일상화하고 또 그들의 종교를 강제로 신봉하여야 한다면 그 약소 민족의 비극을 무엇으로 표현할 수 있겠는가? 그것은 인간이 인간에게 할 수 있는 최악의 잔인한 정책이다. 독자들은 이 지구상에 그런 비극이 있었음을 알고 있는가?

그 강자는 누구였는가? 인간 사회에 있을 수 없는 잔인무도한 비극의 연출자는 과연 어떤 종류의 인간들이었는가? 그들은 이런 죄악을 범하고도 중남미를 개화시키고 복음화 하였다고 자화자찬 하지 않았는가? 그렇다면 그들의 양심은 살아 있는 것인가? 그들 사회에 정의는 살아 있는가? 그들은 원주민들에게 무엇을 주었는가? 멸종, 말살, 강요, 착취뿐이지 않는가? 성경을 들고 목에 십자가를 걸고 찾아간 사람들이 벌인 짓이었다. 예수께서 그런 선교를 명하셨는가? 이 엄청난 비극을 바라보며 인류는 언제까지 수수방관만

에스파냐의 정복자
피사로의 군대에게
학살당하고 있는
원주민 군대
원주민들이
'생명의 말씀'에는
순종하지 않던가?

하고 있을 것인가? 그 동안 정의의 신은 어디에 계셨는가? 그때 하나님은 중남미에는 계시지 않았는가? 과연 역사의 심판이 올 것인가 하는 질문이 꼬리를 물고 일어난다.

강자의 종교나 다수의 종교가 소수의 종교를 지배·차별·학대·말살하는 사회에서 인권이 보호되는 민주주의가 실현될 수 없는 것과 같이, 신앙을 강요하는 사회에 정의구현이나 자유·평등은 물론 종교의 자유도 보장될 수 없다는 것을 역사가 증명하고 있다.

어떤 형식으로든 신앙의 강요, 즉 선교라는 미명하에서도 강제적인 개종(改宗)이 있어서는 안 된다. 강제적인 개종과, 선의의 평화적인 선교활동은 구별되어야 한다. 무엇보다 먼저 신앙의 자유가 보장되어야 한다. 타종교를 강제적으로 말살하려는 의도가 지양(止揚)되지 않는 한 종교의 대립분쟁은 없어지지 않는다는 것은 누구나 다 예기할 수 있는 명백한 일이다. 종교전쟁은 인류 역사에서 가장 잔인한 전쟁의 원인이 되었으며 또 가장 긴 전쟁이 되어 왔다.

6. 종교적 차별과 인류의 미래

특히 민족을 말살하는 천인공노(天人共怒)할 비인간적인 죄악은 어떤 종교적인 사명으로도 용납될 수 없다. 그것이 학살이건 혼혈이건 간에 의도적으로 혹은 강제적으로 한 민족의 순수성을 말살하거나 없애 버리는 일은 어떠한 종교나 가치관의 명분으로도 허용되어서는 안 된다. 구 유고슬라비아에서 피로 정화한다는 구실로 행해졌던 무차별적인 강간이 그 비인도적이고 잔인한 면을 잘 보여주고 있다.

각자가 자의로 선택한 길이라면 반대할 수는 없으나, 직간접적인 강요나 유도 또는 계획적인 민족말살정책은 용납될 수 없다. 비록 그 형태가 동화작용 또는 자연도태 과정의 형식이라고 하여도 침략자나 강자의 의도적인 결과라면 용납되어서는 안 된다. 계획적인 인종 간의 혼혈도 악의(惡意)나 부당한 이익이 예측될 때에는 미래의 인류 사회를 위하여 정책적인 평가가 있어야 한다.

그렇다면 종교가 인류 사회의 현재와 미래를 위하여 할 수 있는 일은 무엇인가? 특히 기독교가 무엇을 어떻게 해야 하는가를 알아야 한다. 적어도 종교가 민족이나 인종 차별을 지지하거나 방관하는 역할을 해서는 안 된다. 어느 특정 민족이나 인종을 제거하거나 혼혈로 없애 버리려는 정책에 동조하거나 방관하는 태도도 버려야 한다.

특히 종교가 어느 특정한 인종이나 특정한 민족만을 특별 대우하고 타인종이나 타민족을 차별하고 학대하는[3] 죄를 범하여서는 안

---

3) 아프리카에서 생포(生捕)되어 노예로 끌려간 흑인들의 자손들은 아직도 백인들

될 것이다.[4] 그러한 종교나 또 그러한 종교가 주장하는 하나님은 인류사회에 도움이 되지 않는다.

브라질은 AD 1,500년 4월 22일 포르투갈의 해군 부함장이었던 카브랄이 상륙하면서 세상에 알려졌다.

브라질 정부는 이 브라질 발견 500주년을 기념하기 위하여 대대적인 행사를 준비하였으나, 브라질 원주민들은 반대시위를 하다가 경찰과 충돌하는 불상사를 빚었다.

500년 전에 500만이었던 원주민 인구가 지금 32만 명으로 감소된 것만 보더라도 원주민들의 한을 상상할 수 있음 직하다. 브라질 원주민 협회는 이 한에 맺힌 소리를 이렇게 말하고 있다.

"포르투갈의 탐험가가 도착한 500년 전부터 우리에게는 학살과 고통과 종족 말살이 시작되었다. 백인들은 우리에게서 모든 것을 빼앗아갔다. 우리들은 지금도 고통 중에 있으며 그들이 도착하여 우리들의 조상을 학살하였다는 사실을 그들은 까맣게 잊어버리고 있다……."

7. 십자가를 버리고 총을 든 신부, 마누엘 페레스의 죽음

저자는 본장을 끝내면서 마누엘 페레스(Manuel Perez) 신부의 이야기를 빼놓을 수 없다. 왜냐하면 그 이야기는 위에서 언급한 죄악이 얼마나 현실적이었는가를 실증하는 증거가 되기 때문이다.

의 차별을 받고 있 다.

4) 지난 수십년 동안 중남미에서 사회정의 구현을 위하여 헌신적으로 활동하고 있는 천주교인들의 노 력은 높이 평가되어야 한다.

스페인 출신의 페레스 신부는 1968년 남미 콜롬비아에 와서 목회 생활을 시작했는데, 그는 원주민들의 처참한 생활상을 목격하고 참을 수 없는 격분과 의분을 느낀다. 당시 콜롬비아는 정부의 천주교 백인 고관들과 소수의 백인 기업주들이 부와 권력을 독점하여 원주민들의 인권은 철저히 유린당하고 있었다. 페레스 신부는 도저히 그대로 십자가를 붙들고 미사만을 집전할 수가 없었다.

드디어 그는 결심하고 원주민들을 위하여 혁명을 주도하다가 1969년 정부에 의하여 스페인으로 추방당했다. 그러나 그는 다시 콜롬비아에 잠입하여 원주민 혁명단체인 E. L. N.에 가입하여 십자가를 버리고 대신 총을 들고 원주민들과 함께 반군에 가담하여 평등, 평화를 이루기 위하여 싸움터에 뛰어든 정의의 투사로 변신했다. 그 때문에 그는 교황청 사제직을 박탈당하였다.

정부군과의 무력투쟁으로 매년 수천 명의 사상자를 내던 1980년대에 페레스 신부는 E. L. N.의 통솔자가 되어 결사적인 투쟁을 벌여 정부로 하여금 반군과의 휴전협상을 통해서 내전을 종식시키지 않을 수 없는 결정적인 계기를 이끌어내는 데 성공하였다.

약 30년간이나 정부군과 싸운 값비싼 보상이었다. 그리고 그는 안데스산맥 깊은 곳에 있는 E. L. N. 아지트에서 1998년 2월 14일 간암으로 값있고 또 고귀한 혁명가로서의 삶을 마감했다.

숭고하고 장엄한 삶을 살았던 그의 영전에 한없는 존경과 찬사와 부러움과 눈물을 보내고 싶을 따름이다. 그의 숭고한 정의감은 이 지구촌 일각에 짙은 향기를 뿜으며 피어 있는 한 송이 꽃으로 비유할 수 있을까? 이런 꽃이 피어 있는 한 인류 사회에 정의가 실현되는 일이 아주 불가능한 것만은 아니다.

제7장

30년 전쟁 (1618~1648)

I. 30년 전쟁의 원인과 결과

30년 전쟁은 독일의 보헤미아(Bohemia) 지방에서 천주교도들이 개신교 박멸작전을 시작했기 때문에 개신교도들이 분연히 일어나 싸운 전쟁으로서 전형적인 신구교 간의 종교전쟁 가운데 하나이다. 약 30년간이나 계속되었기 때문에 이 전쟁을 「30년 전쟁」이라고 한다.

전쟁의 발단은 다음과 같다. 1609년 황제 루돌프 2세(Rudolf II : 1576~1612)는 보헤미아 지방에 개신교 신앙의 자유와 재산권을 허락하였다. 이에 힘을 얻은 개신교도들은 교회당을 건축하고, 신앙의 자유를 누릴 수 있었다. 그러나 천주교도들은 이에 반대하여 새 황제 페르디난트 2세(Ferdinand II : 1619~1637)를 부추겨 개신교도들의 신앙 자유권을 박탈하고 교회당을 파괴하며 재산권을 무효화시키도록 하였다.[1]

신앙의 자유를 빼앗긴 개신교도들은 격분하여 무기를 들고 항쟁하여 페르디난드 왕궁과 영토를 점령하고 개신교의 권리를 되찾았다. 궁궐에서 쫓겨난 페르디난트 2세는 스페인에 원군을 청하여 반격에 성공하고, 그 유명한 종교재판소를 열어서 개신교도들을 처형·추방하고 철저하게 탄압하여 다시는 개신교가 재기할 수 없게 하고, 천주교의 세력권을 다시 확립시켰다. 그리고 '회복령'(回復令, Restitution Edikt)을 반포하여(1629년), 그 동안 개신교가 소유하였던 모든 토지와 재산 일체를 빼앗아 천주교 소유로 만들었다.[2]

---

1) 柏井 園 著, 『基督教史』, 1957, p. 427.
2) Ibid., pp. 427~428 참조.

이때 난을 피하여 정처 없는 길을 떠난 개신교도들의 숫자는 3만 명 이상으로 기록되어 있다. 이 전쟁으로 보헤미아 지방은 황폐해졌는데, 400만의 인구가 70~80만 명으로 감소되었다는 사실을 보면 이 종교전쟁이 얼마나 잔인하고 치열했는지를 짐작할 수 있다.[3]

그러나 전승한 천주교 내부에 분쟁이 일어난 틈을 타서 유럽의 개신교 국가인 스웨덴(Sweden) 왕 구스타프 아돌프(Gustav Adolf : 1594~1632)는 1630년에 대군을 이끌고 독일에 상륙하여 남하하면서 승승장구 교황 군을 격파한 후에 천주교의 본거지를 점령하여 승전하였다.[4]

이와 같이 약 30년 동안 엎치락뒤치락 혈투를 계속하던 신구교는 피차가 피로에 지쳐서 더 싸울 의욕도, 전투력도 모두 탕진되어 1648년 10월 쌍방이 강화조약을 체결하였는데, 이 조약이 바로 베스트팔렌(Westfalen) 강화조약이다. 이때부터 개신교는 마침내 신앙의 자유를 확보할 수 있게 되었다.[5]

그 강화조약의 요점은 다음과 같다.

첫째, 개신교나 천주교는 신앙에 있어서 동일한 권리를 갖는다.

둘째, 신앙의 문제는 투표로 결정하지 않고 신구교 쌍방의 협의로 결정한다.

---

3) Ibid., p. 428.
4) Ibid, pp. 428~429 참조. 이 마지막 전투에서 아돌프 왕은 전사하였으나 스웨덴 정부는 전투를 계속하기로 결의하였고 병사들의 투지로 마침내 승리할 수 있었다.
5) Ibid., p. 429.

베스트팔렌 조약 ; 개신교나 천주교는 신앙에 있어서 동일한 권리를 갖는다.

셋째, 교회에 대한 재산 소유권은 1624년 1월 10일 현재를 표준으로 한다.[6]

이 전쟁으로 천주교는 개신교를 무력으로 정복할 수 없다는 사실을 깨닫게 되었고, 신앙의 자유 문제는 하나님의 대리자이며 하나님과 동등한 권한을 가졌다는 교황 성하도 좌우할 수 없다는 사실을 인정하게 되었다.

30년 전쟁으로 가장 큰 피해를 입은 나라는 독일이었다. 독일의 국토는 약탈군에 의하여 짓밟히고, 농토는 황폐해지고, 산업은 파멸되고, 지적 수준은 저하되고, 도덕은 타락되었다. 좀더 구체적인 통계에 의하면 독일 인구 3,000만이 1,200만으로 감소되었고 아우구스부르그의 인구는 8만 명에서 18,000명이 되었고 윗텐베르그 일대의 인구는 40만에서 48,000명으로 감소되었다. 또 개신교 성직

---

6) Ibid., pp. 430~431 참조.

자 중에서 전사자는 루터교파가 300명, 칼뱅교파가 350명이었다. 이 때문에 300개 주로 분열된 독일은 와해되고 말았다.[7]

수많은 인명과 막대한 재산 피해를 대가로 치르고 「개신교의 종교의 자유」는 확보되었으나 독일은 망하고 말았다. 이것이 30년 전쟁이 남긴 유산이며 기독교인들이 일으킨 종교전쟁이 얼마나 잔인무도한 것인가를 보여주는 역사의 한 페이지이기도 하다. 천주교는 표면적으로는 인류의 구원을 외치면서 실제로는 개신교 형제들을 멸종시키려는 폭력 단체가 되었던 것이다. 기독교가 저지른 죄악 가운데 하나이다.

독일은 기독교 때문에 망하였다. 성경을 들고 기도하며 믿음을 외치는 기독교인들 때문에 하나님의 이름으로, 정통과 이단의 싸움으로 망한 것이었다. 이와 같이 천주교와 개신교, 즉 정통과 이단의 싸움은 마귀 사탄의 농락이었다. 항시 자기를 정통화·표준화하여

십자가에 달린 예수
정통과 이단을 가름하기 이전에
십자가에서 피흘리신 '예수의 사랑'의 의미를
되새겨 보아야 한다.

마틴 루터의 「신약성서」 표제

---

7) Ibid., p. 431.

타종파·타인의 신앙을 이단시하는 자는 마귀 사탄의 앞잡이인 것을 30년 전쟁은 우리에게 알려주고 있다.

II. 30년 전쟁이 인류에게 남겨준 교훈

신구교의 기독교인들이 30년 동안이나 피투성이가 되어 서로 싸워서 얻은 결론은 '신앙의 자유' 라는 값비싼 진리를 확인한 것이었다. '신앙의 자유', 이것은 인류가 도달한 종교 규범의 정점인지도 모른다. 만일 아직까지 이 규범이 발견되지 못했더라면 인류는 도처에서 지금도 종교 분쟁의 암흑 속에서 허덕이고 있을지도 모르기 때문이다.

우리는 지금도 이 고귀한 헌장이 수시로 침해당하는 현실을 보면서 한탄하는 때가 적지 않다. 즉 자기의 종교와 신앙을 정통화·표준화하여 자기의 것과 색다른 타인의 종교 신앙을 이단 혹은 사교로 규정짓는 것은 '신앙의 자유' 라는 고귀한 진리를 침해하고 또 유린하는 처사가 된다는 것을 모르고 있는 것 같다. 항시 자기의 종교 신앙체계만을 절대화하고 타인의 것을 배척·비판하는 것은 30년 전쟁의 피 흘린 결과를 무효화하는 처사가 될 것이며 제2, 제3의 30년 전쟁을 초래할 수도 있을 것이다.

내 종교, 내 신앙체계가 내게는 올바른 길이고 구원의 도리라고 믿고 있듯이 타인의 종교·신앙 또한 그에게 있어선 구원에 이르는 올바른 것이라고 인정해 줄 줄 아는 아량이 필요하다. 아니 필요한 것이 아니라 없어서는 안 될 것이다. 그것은 '신앙의 자유' 이기 때문이다.

내가 믿든지 안 믿든지, 혹은 어떤 종교를 어떤 방법으로 믿든지 또는 어떤 경전을 어떻게 해석을 하든지 간에 일체가 자유로워야 한다. 사람들의 개성이 다르고 사고 방식이 다른 것처럼 성경해석도 다를 수밖에 없기 때문이다. 이러한 일들은 제3자가 관여하여 판단하거나 심판할 대상이 아니다. 만일 제3자가 내 종교, 내 신앙을 이단시하거나 사교로 규정짓는 것을 내가 극구 거부한다면, 나도 타인의 종교와 신앙을 이단·사교 등으로 규정지어서는 안 된다. 이것이 30년 전쟁이 인류에게 남겨준 교훈이다.

또 만일 내 신앙, 내 해석만이 항시 정통이고 옳은 것이라고 믿고 있다면 그것은 자기만이 '성경 해석 독점권'을 소유하고 있다는 의미이다. 이는 자신을 표준화하고 신격화하는 반신적(反神的)·반성서적인 사고이다. 그런 자는 마귀 사탄의 농락 하에서 꿈틀거리는 사탄의 노리개임을 역사는 우리에게 귀띔해 주고 있다.

신앙은 인류를 구원할 수 있는가?

이와 같이 자기를 표준화하고 정통화하려고 하면서 정통인 척하는 사탄들과, 신앙의 자유를 배신하는 자들 때문에 기독교는 25,000여 교파로 분열되어 수많은 종교전으로 인류를 괴롭히고 또 기독교의 종말을 재촉하고 있다는 사실을 배신자들은 겸허하게 받아들여야 할 것이다. 마귀 사탄은 정통을 가장하고 있다. 그러므로 자신의 신앙을 표준화하여 타인의 신앙을 이단시하며 정통을 주장하는 자는 거의 틀림없이 마귀 사탄의 앞잡이가 된 것이다.

'신앙의 자유,' 이것은 30년 동안이나 피를 토하면서 우리에게 가르쳐 준 30년 전쟁의 교훈이다. 이 자유를 침범하는 자는 사탄의 앞잡이라는 사실을 명심해야 한다.

● 마녀 사냥 ●

로마 교황인 인노켄티우스 8세의 교서에 의해 「마녀 사냥」의 재판은 정당화되어 소위 「마녀 식별법」이라는 것이 고안되어 마녀가 속속 날조되었다.

마녀 사냥에 의해 붙잡힌 마녀들은 사바토(야회연)의 흥분에서 깨어나 보면 그저 가난에 찌든 추한 몰골의 촌 아낙네들뿐이었다.

그녀들이 준엄한 재판관 앞에 서게 되면 공포로 파랗게 질려 말도 제대로 하질 못했다. 재판관은 함정을 파놓고 유도 심문을 했다. 고문에 견디지 못한 여자들은 백이면 백 모두가 마녀라고 자백했다.

법정의 돔형으로 된 천장에는 거꾸로 달아매는 고문 기둥이 수도 없이 걸려 있었으며 바닥에는 고문대가 마련되었다. 그 고문대 위에는 발목을 채우는 족쇄나 무쇠로 된 사슬들이 놓여 있었다.

잡혀온 아낙네들은 실오라기 하나 걸치지 않은 완전 나체로 발가벗겨져 머리카락을 제외한 모든 털이 깎여졌다.

철사줄로 고문대에 꽁꽁 묶이게 되면 침술사(고문을 하는 사람)가 전신을 바늘로 찌르면서 악마의 흔적을 찾아내려고 했다.

대개는 바늘에 찔리게 되면 통증에 얼굴이 일그러지고 아픔을 호소하기 때문에 마녀로 판명되었다.

그래도 판명되지 않으면 마녀 욕탕이라는 욕조에 손발을 묶어 집어넣었다. 만약 떠오르게 되면 마녀이다.

이렇게 미신적인 식별법에 의해 마녀는 대량 생산되었다. 그러한 이단 고문소(마녀 재판)의 조서에는 '그녀는 아주 아름답고 기름기가 올라 있었다'라는 호색적인 기술도 있다.

마녀로 낙인 찍힌 그녀들의 재산은 고문관들의 상금으로 주어졌다. 마녀 사냥은 고문관들에게는 손쉽게 재산을 벌 수 있는 기회를 제공했고, 인간의 붉은 피가 금화나 은화로 바뀌는 순간이기도 했다. 마녀로 낙인 찍힌 여인들은 화형당하거나 아니면 냄비구이 형벌(뜨거운 냄비 속에 넣고 찜 쪄 죽이는 형벌)이라는 잔인한 방법으로 처형되었다.

16세기 독일 농촌 지역에서 마녀 처형은 사나이들의 호색적인 구경거리였다. 마을의 넓은 광장에는 수많은 음식점들이 줄을 이어 장이 섰고, 토산품점에서는 돗자리가 불티나게 팔려나갔고 완전 나체인 마녀들은 스트리퍼보다도 매혹적인 존재들이었다. 마녀 사냥이야말로 악마적인 행위 바로 그것이었다.

마법의 약물을 들고 있는 마녀

마녀를 이처럼 발가벗고 풍만한 자태로 묘사한 그림은, 중세의 억눌린 성 표현의
무의식적인 발로로 보여진다. 여기에는 성적 관음증과 종교에 대한 반감이 함께 깃
들여 있다. 여신이나 마녀를 나체로 그린 것은 중세의 통제적 · 억압적 사회 구조를
역설적으로 드러내어 보여주고 있다.

초자연적 현상과 마법

탬버린, 사람의 해골, 바닥의 도형은 마법 잔치에서 사용되었다. 중세인이 마법에 그토록 지대한 관심을 가졌던 이유는 과학이 증명할 수 없는 초자연적인 현상들을 마법의 탓으로 돌릴 수 있었기 때문이다.

실정(失政)을 전가하는 책임 회피는 희생양을 찾는 데 혈안이 되어 있다. 그 대상은 사회적 약자이다.

열악한 여권과 마녀

우아한 귀부인(키르케)의 눈길을 좇아가 보면 좌측 상단에 매달려 있는 두 명의 사람이 보인다. 마녀에 등장하는 이러한 잔인한 풍경은 여권이 열악하였던 당시의 사정을 고려해 볼 때, 잠재되어 있는 여성의 분노를 읽을 수 있다.

빗자루를 가랑이 사이에 낀 전라의 마녀

가랑이 사이에 낀 막대기는 빠른 속도로 하늘을 날 수 있어서 먼 거리를 왕복할 수 있다.
대개 마녀의 연회는 인가와 떨어진 한적한 숲에서 이루어진다고 보았기 때문에 빗자루는 필수
적인 운반 도구였다.

염소나 쇠스랑, 빗자루를 타고 하늘을 나는 중세의 마녀

의학 발달이 이루어지지 않은 중세에 약초의 효능에 밝은 여자는 마녀로 몰리기 십상이었다.

중세의 자화상

마녀의 몸매와 얼굴을 살펴보면 젊음과 늙음, 풍만과 빈약이 혼재되어 있다.
마녀로 몰렸던 대부분의 여자는 과부로서 사회적 지위가 열등했다. 중세의 빛과 어둠을 담고
있는 마녀는 일그러진 시대의 일그러진 자화상이었다.

현실과 이상

향로를 높이 들고 있는 마녀와 그 앞에 치부를 드러낸 채 엎드린 마녀가 보인다. 땅에 엎드린
마녀는 중세 여인의 실제 신분을, 향로를 든 마녀는 당시의 압제와 금기를 넘어 비상하려는 여
인의 슬픈 꿈을 담고 있다.

바닥에 깔린 뼛조각들과 늙은 사내를 타고 앉은 마녀
생명의 허망함, 인간 본능인 성욕의 하릴없는 굴레, 남성에게 짓눌린 여성의 권
리 등이 뒤섞여 기묘한 풍경을 연출하고 있다.

마녀들은 식인 습관을 가지고 있는 것으로 간주되었다. 중세는 그야말로 이성이 눈을 감은 암흑의 시대였다.

여성의 생리는 중세의 과학으로는 풀 수 없는 인체 현상이었다. 또한 신학적 관점에서 여성은 뱀의 유혹에 넘어가 원죄를 범했다. 여성은 어려서는 아버지의 보호 아래, 결혼해서는 남편의 후견 아래 있었는데, 과부가 되면 상대적으로 자유로워졌다. 그러나 과부의 지위는 상대적으로 낮은 편이었고 보호막이 없어서 마녀 사냥의 대상이 되었다.

마녀가 마법의 집회에 참석할 때, 전신에 마법의 고약을 바르고 가랑이에 가는 막대기를 끼워 날아서 숲으로 이동했다. 막대기 · 빗자루 · 쇠스랑 등을 탄 마녀는 깊은 밤을 날아서 숲 속의 축제에 참가했다. 악마를 숭배하는 참석자들은 대향연을 벌였고, 이후에는 간음과 음란한 춤이 이어졌다. 집회를 갖는 동안 그들은 하나님과 삼위일체, 성모 마리아를 조롱했으며 십자가를 짓밟고 예수의 수난상에 침을 뱉었다. 집회는 두꺼비에게 성찬 예식을 행하는 저주의 의식으로 마감되는데, 두꺼비들은 먼지로 변하며 불길한 악의 가루를 만들어낸다. 이런 집회를 통해 마녀들은 토지를 황폐하게 만들고, 사람과 동물을 죽음으로 이끌었으며, 폭풍우를 일으키고, 전염병을 창궐케 했다.

이러한 사실은 재판관이 억지로 받아낸 자백이었다. 거짓으로 자백하면 살려주겠다는 약속에 속은 소박한 아낙네가 사실을 알아차렸을 때는 뜨거운 불길이 혀를 날름거리며 그녀의 몸을 핥았다. 화형이었다.

마녀를 식별하는 방법

옷을 벗긴 후, 날카로운 매스로 털을 밀어내고 바늘로 찌르는 등의 잔혹한 고문을
가하였다. 성직자들의 사디즘과 관음증이 뒤범벅이 된 성의 일탈이 엿보인다. 또한
발가벗긴 후 시장 등의 네거리에서 화형에 처하여 뭇사람의 눈요기거리로 삼았다.

너는 누구에게서 태어났는가?
어머니, 즉 여자 아닌 자에게서
태어난 남자가 있는가?

수레에 실려 처형장으로 실려가는 마녀(좌측)
발가벗긴 채 길거리에서 화형(하단)

아버지나 남편의 보호를
받을 수 없는 과부들이
마녀 사냥의 주요 표적이 되었다.

마녀에게 물 고문을 가하는 광경
발가벗은 여체를 바라보는 사제의 시선에서 인간이란 존재가 쌓아 올린 이성의 허약함을
통감하게 된다.

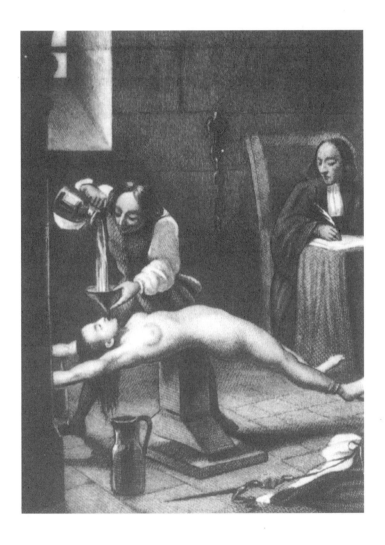

종교에 대한 반감

마녀임을 증명하기 위해 발가벗긴 후
바늘로 찌르는 광경
하단의 바닥에는 고문에 사용하는
잔인한 도구들이 널려 있다.

악마의 탄생과 마녀 사냥의 물결이 중세 유럽을 휩쓴 배경을 이해해야 한다.

15~16세기에 걸쳐 유럽 기독교는 이교도와 종교 개혁에 의해 분열되었다. 물욕과 명예심에 눈이 먼 관리나 성직자들, 교파 분열, 이단과 정통의 팽팽한 줄다리기에서 발생한 불이 힘없는 서민들에게 옮겨붙으면 마녀나 마법사로 규정되어 화형에 처해졌다.

마녀가 사용하는 마법의 이면에는 종교에 대한 반감이 도사리고 있었다.

모든 이교도는 마법사로 의심받았는데 유대인 또한 예외가 아니었다. 이면에는 종교 탄압과, 유대인의 재산을 노린 파렴치한 탐욕이 도사리고 있었다.

생명을 앗아가는 전염병과 기근 등은 유대인의 탓으로 돌려졌다.

흉년, 천재지변, 전염병 등의 원인을 찾는 데는 마녀가 가장 이상적인 모델이었다.

마법사로 몰리는 희생양은 대부분 여성이었는데, 혼자 사는 과부가 가장 좋은 사냥감이었다.

마법의 연회에 참석하기 위해
고약을 바르는 마녀

중세의 집시들은 점을 볼 줄
알았기 때문에 마녀로 오인받아
처형당하는 사례가 많았다.

간질에 걸린 사람은, 치료의 은사를 받은 성인들의 능력을 발휘할 수 있는 대상이었기 때문에 사람들은 일종의 경외심을 가지고 환자들을 대했다.

식인과 통음 등 엽기적인 일들이 마녀의 행위로 돌려졌다. 그들은 대부분 순박한 시골 아낙네 였다.

억압과 성의 일탈

마녀들은 때때로 동물로 변해 남자들을 유혹하기도 했다. 중세는 성이 통제된 사회였으므로 은밀한 가운데 수간이 이루어지기도 했다. 삽화의 이면에 짙게 배여 있는 에로티시즘은 마녀가 단지 종교적인 이유에서 배척을 받았다는 사실뿐만 아니라 경직된 사회의 억압된 성을 미루어 짐작하게 한다.

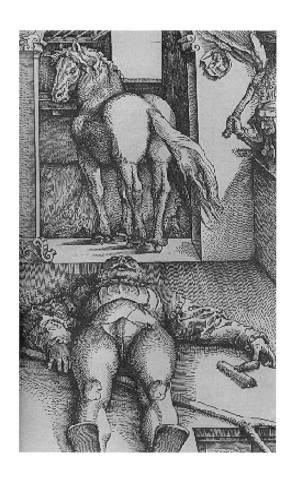

종교 재판과 마녀 사냥에 사용되었던 각종 고문 도구들
고문 도구는 철저한 인권의 유린과 인간 잔혹성의 일면을 드러내고 있다.

독선이 지배하는 사회에서는 반드시 폭력과 야만이 이빨을 드러내게 된다.
그 희생양은 항상 사회적 약자였다.

기근이나 전염병과 마찬가지로 병사들의 잦은 이동은 농촌 사회를 불안정하게 만들었다. 민심이 흉흉해지는 것을 예방한다는 구실이나 재미 삼아 병사들은 자진해서 마녀사냥에 합세했다.

억압받는 사회에 갇힌 인간의 상상력은 성, 춤, 축제로 대체되어 탈출구를 찾는다.

사탄과 교접하는 마녀

사탄은 용으로 묘사되었는데, 기원전 6세기부터 신의 형상에서
분리되어 원죄의 근원으로 간주되었다.

축제

태아의 작은 두개골을 묵주로 만들어 모빌처럼 늘어뜨리고 있다.
쇠스랑이나 염소를 타고 하늘로 날아오를 준비를 하고 있는 마녀

둔갑

마법책을 읽고 있는 고양이는 마녀가 둔갑한 것이다. 고양이의 동물적 속성이 여자의 성격과 일맥 상통하는 부분이 있어 은유화되었다.

남성 중심의 사회에서 힘이 약한 아이나 여성은 희생될 수밖에 없었다.

목신에서 사탄으로
그리스 신화의 목신은 숲을 배경으로 활동하는 신
이였기 때문에 마녀들의 집회와 연관되어 사탄으
로 재창조됐다.

**옷을 벗겨 사탄과 교접했는지의 여부를
확인하는 사제들**
마녀로 지목된 여자는 죽음에 대한 공포로
수치심을 느낄 겨를이 없다.

아이를 삶으려고 하는 마녀

농촌의 흉년과 기근은 실제로 이러한 식인을 유발했다. 이는 전세계
적으로 골고루 나타나고 있는 생존의 현장이다. 우리는 이를 통해서
중세 농촌의 궁핍상을 엿볼 수 있다. 풍만하게 드러난 나신은 현실
에서는 불가능한 노출의 욕구를 잠재하고 있다.

성과 의식

성적 이미지와 종교적인 색채가 함께 어울린 것은 중세의 종교가 당
대인에게 얼마나 큰 압박으로 다가왔는가를 말해 주고 있다.

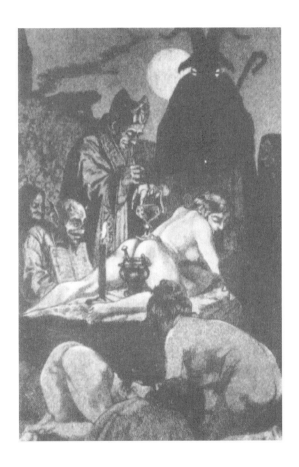

물과 마녀

마녀인가를 식별하기 위해서 사지를 묶고 강·늪·운하에 던졌는데, 때때로 무거운 바위를 매달았다. 물 속에 빠져 죽으면 마녀가 아닌 걸로 판명났고, 물 위로 떠오르면 사탄의 보호를 받아 떠올랐다고 하여 처형되었다. 이러한 잔인한 마녀판별법이 17세기까지 계속되었다.

신체 특징과 마녀

뿔의 형상을 한 머리 모양을 빼고 보면 귀부인이다. 이는 누구나 한두 가지의 남다른 특징에 의해서 마녀로 몰릴 수 있다는 사실을 증명하고 있다.

그리스 신화에서 사냥의 여신은 중세로 넘어와서 마녀로 변화되었다. 숲 속 동물과 함께 나오는 반라나 전라의 미녀는 엄격한 중세의 종교 체제하에서 거부당할 수밖에 없었기 때문에 마녀로 전락하고 말았다.

제8장

장 칼뱅(Jean Calvin)은 진정 개혁자였는가?

칼뱅(Jean Calvin)
· 크리스트교 칼뱅파의 교조
· 스위스 제네바에서 종교개혁을
  단행하여, 일반 시민에게까지
  미치는 '신권 정치'를 함.
· 저서 : 『기독교 강요』

장로교의 창시자 칼뱅(1509~1564)은 프랑스 태생으로 스위스에 가서 생명의 위협을 무릅쓰고 끈질기게 종교개혁의 투쟁을 전개한 천재적인 학자였으며 선구자요, 크리스트교 역사상 큰 공적을 남긴 위대한 인물로 알려져 있다. 그는 지금도 칼뱅신학을 추종하는 전 세계의 많은 교회와 성직자들에게 존경을 받고 있다.

I. 칼뱅의 업적

그가 남긴 업적을 먼저 살펴보는 것이 본서를 이해하는 데에 도움이 되므로 여기에 간략하게 소개한다.

첫째, 그가 설립한 제네바 아카데미(Geneva Academy)는 후에 제네바 대학이 되어 그의 명성을 듣고 유럽 각국에서 모여든 수많은 청년 학도들을 교육시키고 유능한 성직자들을 양성하는데 공헌하여 개신교의 기초를 세웠다.

둘째, 제네바 대학에서 칼뱅의 교육을 받은 존 낙스(John Knox : 1513~1572)는 귀국하여 스코틀랜드를 전적으로 칼뱅주의 신학의 장로교로 개혁하는 데 성공하였다.

셋째, 영국 청교도들의 신앙체계와 신학도, 칼뱅의 영향을 받았다.

넷째, 프랑스의 개신교파인 위그노(Huguenot)의 신앙체계도 칼뱅신학의 영향으로 개척되었고 그 밖에도 칼뱅은 독일·네덜란드 등 거의 전 유럽의 개신교 개척에 공헌하였다.

다섯째, 그의 업적 중에서도 최대의 업적은 저서『기독교 강요』(Institute of Christian Religion)이다. 이것은 아우구스티누스(Augustinus 354~430)의『신의 도성』(City of God)과, 토마스 아퀴나스(Thomas Aquinas 1225~1274)의『신학대전』(Summa Theologica)과 함께 신학계의 3대 저서(三大 著書)로 알려져 있다.[1]

II. 종교법원(Consistory Court)의 죄악

서론에서 진술한 바와 같이 그처럼 위대했던 칼뱅 형의 안경을 벗어버리고, 또 그의 영역을 방어하는 우산도 집어던지고 세계사적 입장에서 그를 다시 한번 냉정하게 객관적으로 조명해 볼 필요가 있다.

칼뱅은 제네바 시의 종교개혁을 위하여 23년 동안 전력하였다.

---

1) Calvin, J., *Institutio Christianae Religionis*, 1559, 中山昌樹 譯,『カルヴィン 基督敎 綱要』, 第一卷, 1956, p. 1.

처음의 13년간은 고전(苦戰)의 시기였고, 후의 9년간은 승리의 시기였다고 볼 수 있다.[2]

그는 교회법(Church Order)을 제정하여 교회정치는 국가의 간섭이나 그 밖에 누구의 간섭도 받을 수 없으며 오직 목사·장로·집사·교사에 의해 운영될 수 있도록 만들었다.[3]

이 승리의 시기 중에서도, 특히 그가 제네바 시의 종교법원(Consistory Court)을 주관하던 4년간(1542~1546)은 무르익은 전성기라고 할 수 있다.[4] 그의 최종 목표는 제네바 시에 신정일치(神政一致 혹은 政敎一致) 제도를 확립하여 교회와 시정(市政)을 신앙의 엄격한 규율로 통치하려는 것이었다.[5]

칼뱅은 인구 13,000명의 도시 제네바를 세 교구로 구분하고 시민들을 주일에 세 번씩, 즉 새벽·정오·오후예배에 출석케 하였으며, 매 월·수·금 예배에도 출석을 강요하였다. 만일 이유 없이 결석하는 자는 벌금을 바쳐야 했으며 게으른 신도들을 위해서는 그들을 책임지는 직분제도를 만들었다.[6]

종교법원은 목사 5명, 장로 12명, 합 17명으로 구성된 조직체로서 제네바 시의 신정일치 제도를 실천하기 위한 중추기관이며, 교회의 규율과 시민의 도덕을 관장하는 최고의 의결기관이었다. 칼뱅은

---

2) 柏井 園 著, 『基督敎史』, 1957, p. 363.

3) 김수학 저, 『世界敎會史』, 1993, p. 329.

4) 柏井, op. cit., p. 364.

5) Ibid., p. 363.

6) Houghton, S. M., Sketch from Church History, 1960, 정중은 역, 『기독교교회사』, 1994, p. 188.

· 금욕적이며 학구적인 삶을 영위했던 칼뱅
· 칼뱅이 작성한 「교회법」
 - 목사 : 말씀의 설교, 세례와 성찬식을 담당
 - 교사 : 교육을 담당
 - 장로 : 신자들의 규율 준수 여부와 도덕성을 감시
 - 집사 : 병자와 가난한 이들을 보살피는 역할

목사로서 일개 회원에 불과하였으나 「성경 해석자」로서 최고의 권리를 가진 특별한 지위에 있었다.[7] 당시는 현재와 같은 '목사안수 제도'도 없었고 또 그럴 수 있는 조직체도 없었기 때문에 칼뱅이 '목사 안수'를 받았다는 기록은 없으나, 그는 제네바 시의회에서 목사로 추대받아 목사로 활약하였다.[8]

그는 성경 해석자로서 최후의 판결권을 독점한 왕자의 지위에 있었을 뿐 아니라 실제로는 종교법원을 좌우할 수 있는 판사의 역할까지 담당하였다. 그의 성경 해석 여하에 따라 모든 죄의 유무와 경중이 결정되었다.[9]

그는 엄격하게 시정을 관리하여 음주·방탕·저속한 노래 등을 금

---

7) 柏井, op. cit., p. 364. 장로 12명 중에서 10명은 200명 의회를 대표하였고 나머지 2명은 60명 의회를 대표하였다.
8) 김수학, op. cit., p. 327.
9) 柏井, op. cit., p. 364.

지시키고, 교회 규율을 엄격히 하기 위하여 수많은 신도들을 투옥·추방하고 사형도 서슴지 않았다.

천주교의 종교재판(Inquisiti-on)을 보고 자라온 그는 특히 종교적 범죄자를 잔인하게 처벌하였다.

춤췄다고 투옥하고, 설교를 들을 때 웃었다고 투옥했으며, 부모를 구타한 소녀는 목잘라 처형하고, 귀신 쫓는 마법사도 사형시켰다. 이와 같이 그가 종교법원에서 막강한 권세를 과시하던 4년 동안 그는 76명을 추방하거나 투옥하고 58명을 처형하였다.[10]

처형당한 이유는 대개 예정설, 성서의 권위 문제, 삼위일체설, 유아세례, 성만찬 등의 해석을 칼뱅과 달리했기 때문이었다. 특히 성경 해석에 있어서 그 수다한 성경구절 중에서 한 구절만이라도 그 해석이 칼뱅과 일치하지 않으면 이단으로 몰릴 수 있었다. 일단 이단이란 낙인이 찍혀지면 그는 숙청의 대상이 된다. 숙청은 경중에 따라 추방·투옥·사형 등으로 구분되었다.

칼뱅에게 이단자로 몰려 사형당한 예를 하나만 소개한다.

스페인의 학자 미카엘 세르베투스(Michael Servetus : 1511~1553)는 혈액순환을 발견한 의학자요 신학자요 철학의 천재였고, 한때 칼뱅을 구출하여 그에게 승리를 얻도록 도와준 동지 중의 한 사람이었다. 그런데 그는 자신의 저서에서 니케아 회의에서 결정된 '삼위일체설'과 칼케돈 회의에서 결정된 '기독론'과 '유아세례', 이 세 가지 교리가 교회를 부패시키는 요인이라고 주장하며, 칼뱅의 저서 『기독교 강요』를 비판했다.

---

10) Ibid.

칼뱅의 『기독교 강요』
단정적이면서도 간결한 문체는
그의 신앙관을 유출할 수 있도록 한다.
(좌 : 속표지, 우 : 표지)

INSTITV

TION DE LA RELI:
GION CHRESTIENNE : EN LA:
quelle eſt comprinſe vne ſomme de pieté,
& quaſi tout ce qui eſt neceſſaire a congnoi-
ſtre en la doctrine de ſalut.

후에 그는 체포되어 감옥에 갇혔으나 용케 탈출하여 제네바 시로
피신하여 한 달 동안 숨어살다가, 타처로 떠나려는 차에 발각되어
제네바 시에서 재차 체포되었다. 이때 칼뱅은 그가 7, 8년 전에 서
신으로 자기의 저서 『기독교 강요』를 비난하였으므로 그 감정도 작
용한 듯 그를 체포하여 처형해 버렸다(1553년 10월 27일). 화형 당
할 때 "영원하신 하나님의 아들 예수여, 나를 불쌍히 여기소서."라
는 마지막 기도를 드리고 이 42세의 꽃다운 청년 천재학자는 생을
마쳤다. 이 일로 인하여 칼뱅은 비난의 화살을 받아야만 했다.[11]

---

11) Latourette, K. S., *A History of Christianity*, vol II, 1975, 윤두혁 역, 『基
督敎史』, 1980, p. 389; Walker, W., *A History of Christian Church*, 4th
edition, 1985, p. 479.
　칼뱅과 칼뱅주의의 엄격한 독선, 독재에 관한 또 하나의 이야기는 Tayor, G.
R., *Sex In History*, New York, 1954, pp. 158~165에 간략히 기록되어 있다.
칼뱅은 절대적인 신권주의자였으며 여성을 무시하였고 동시에 마술을 믿었다.
　칼뱅은 신권의 절대성을 믿었으며 동시에 부권(父權)의 신성불가침성을 주장
하였는데, 테일러는 칼뱅이 지배하던 제네바에서 부권의 절대성을 증명하는 예
로 아버지를 구타한 어린이를 교수형에 처하고 스코틀랜드에서는 아버지의 명에

칼뱅은 세르베투스를 이단으로 처단하였는데, 이 두 사람 가운데 과연 누가 이단인가를 한번 생각해 보자. 칼뱅은 정통을 주장하기 위하여 살인을 하였다. 그러면 정통을 내세우기만 하면 살인을 해도 되는가? 정통은 살인 금지의 제5계명보다 더 크고 중요한가? 이단을 방지하고 정통을 관철하기 위해서는 살인 금지의 계명을 무시해도 되는가? 칼뱅의 살인은 정통신앙을 확립하고 이단을 말살하기 위한 작전이기 때문에 요한계시록(21:8;22:15)에 명시된 살인자의 무서운 형벌을 면할 수 있는가? 칼뱅은 그 자신이 절대시하던 성경을 무시하고 '이단'이란 죄목으로 수없는 살인을 감행하였으니 결과적으로 그 자신이 성경의 절대성을 무시한 게 아닌가?

그러면 무엇을 기준으로 하여 칼뱅은 정통이고 세르베투스는 이단인가? 살인자가 정통인가, 이단인가? 결과를 보면 살인자가 기독교인을 죽인 것이 아닌가?

불복종한 아이들에게는 엄한 처벌을 지시한 것을 지적하고 있다.

아버지의 명에 불복종하는 것보다 더욱 엄한 벌은 칼뱅의 권위와 명령에 불복한 사람들에게 주어졌다. 특히 칼뱅은 자기를 Mr. 즉 Monsieur Calvin으로 부르지 않은 사람들을 처벌하였으며 자기의 설교나 훈계에 비판적인 사람들에게는 3일 동안 빵과 물을 금지했다.

구루엣(Gruet)은 자기의 책에 칼뱅의 주장을 어리석은 교리라고 썼다는 이유로 반역과 모독죄로 목이 잘리는 죽임을 당했으며 칼뱅이 설립한 종교법원의 파문권에 도전하였다는 죄로 버털류(Berthelieu)와 그의 지지자들 역시 교수형에 처해졌다. 이러한 칼뱅을 보고 카스텔리오(Castellio)는 만일 예수나 혹은 그의 명령하에 이런 일을 다 한다면 마귀가 할 일로 남는 것은 무엇이겠냐고 물었다.

그러나 칼뱅에게는 교회와 국가가 동일한 신정일치한 것이었기 때문에 그의 명에 대하여 비판적이거나 반대하는 자들은 전부 이단이며 반역죄로 처단할 수 있었다.

정통과 이단을 가르는
기준은 무엇인가?
'예수의 사랑'을 망각할 때는
광기의 역사가 전개된다.

예수의 교훈과 계명을 무시하는 반성서적인 사람이 기독교인을
이단으로 몰아 처형해 버린 셈이다. 정통을 내세우고 예수의 교훈
과 계명을 범하는 자는 정통을 가장한 이단이 아닌가?

칼뱅이 종교법원을 주관한 기간이 4년간뿐이었던 것은 실로 천만
다행이었다. 만일 그가 장기간 종교법원을 장악했더라면 천주교의
종교재판처럼 수많은 선량한 신도들과 학자들이 사소한 문제로 처
형되었을 것이다. 또 그의 독선과 잔인성은 점증하여 천주교의 종
교재판처럼 이성과 상식을 외면했을 수도 있다. 상상만 해도 공포
와 의분이 엇갈리는 장면이다.

칼뱅의 업적을 무시할 수는 없으나, 반면에 그는 독선과 배타성을
가지고 믿음으로 살려던 수많은 형제자매들을 종교법원에서 이단
이란 명목을 붙여서 사소한 일까지 트집 잡아 투옥·추방·처형한
사실을 누구도 부정할 수 없다. 성직자인 그의 편협성과 잔인성이
지나쳤다는 것이 오늘의 비판이다.

더욱 놀라운 사실은 그의 저서 『기독교 강요』 제1권 서론에 기록
된 바와 같이 프랑스 왕에게 보내는 서신에 다음과 같은 내용이 있

다. 즉 프랑스 왕은 칼뱅의 교리를 이단으로 규정하고, 투옥·추방·인권 탄압·사형 등으로 탄압하려고 하겠지만 이 책을 읽고 나면 납득이 될 것이라는 것이다.[12]

프랑스 왕에게 그런 글을 써 보낸 칼뱅이 어찌하여 자기 교리를 비판하는 자들을 투옥, 추방, 사형 등으로 처단하였는가? 아무리 생각해도 이해하기 어렵다. 자기만이 올바른 성경 해석이 가능하다고 믿고, 자기 해석을 기준으로 하여 이단과 정통을 판가름하는 그런 독선과 배타성은 자신을 표준화하고 자신을 신격화하는 반신적(反神的)인 사고라고 할 수 있다.

이 얼마나 무서운 범죄인가?

III. 칼뱅주의의 여파

여기에서 '칼뱅주의의 여파'가 어떤 모습으로 나타나고 있는가 하는 문제를 한번 제기하지 않을 수 없다. 칼뱅을 추종하는 교단에서는 신학교를 개교 혹은 선전할 때, 또는 교회를 창립 혹은 선전할 때 거의 틀림없이 이래와 같은 취지나 광고를 표방한다.

"본교는 칼뱅주의 정통신학에 입각하여……", "본 교회는 칼뱅주의 정통신학에 입각하여……" 등등이다. 그 취지는 무엇을 의미하는가? 적어도 두 가지 뜻을 찾아볼 수 있을 것이다.

첫째, 그것은 칼뱅주의의 정통을 따른다는 뜻이다. 그렇게 해야

---

12) *Calvin*, 中山 역, op. cit., p. 4.

이단이란 시비에서 벗어날 뿐만 아니라 정통을 과시할 수 있기 때문이다.

둘째, 칼뱅주의에서 벗어난 이단은 정죄하고 배척하여 대립과 분쟁도 서슴지 않겠다는 뜻이 내포되어 있다고 볼 수 있다.

1995년도 발표에 의하면, 한국에는 지금 'XX총회 신학교' 라고 이름 붙인 신학교가 50여 교가 되고, 또 'XX장로교' 라는 간판을 달고 있는 교파가 130여 개가 된다고 하며 그 숫자는 계속 증가일로에 있다.[13]

하필이면 왜 신학교 명에 '총회' 라는 명칭이 들어가야 하는가? 그 이유는 본교는 총회에서 경영하고 또 총회가 인정하는 칼뱅의 정통파이고 이단이 아니라는 의미이다. 즉 총회라는 명칭이 붙어 있는 한 어느 누구도 교리 문제로 이단이라고 의심하지 못할 뿐만 아니라 칼뱅주의에 입각하고 있다는 자부심을 표방할 수도 있고, 또 본교 졸업생은 총회 인정하에서 목회할 수 있음을 보여줄 수 있기 때문이다. 즉 칼뱅의 정통신학에 입각하여 있는 총회이며 또 그 총회가 운영하고 있는 요지부동의 칼뱅 정통 신학교라는 뜻이다.

그런데 요즘은 '총회' 도 부족한 듯 '총회정통' 이라는 교파도 생겼다고 한다. 만일 이러한 경향이 계속된다면 앞으로 '총회진정통(眞正統)' 이나 '진총회 진정통' 이라는 교파도 나올 만하다는 말에 일리가 있다.

정통과 총회를 유지하기 위하여 한국 장로교는 현재 128개의 교파로 분열되었으며 앞으로도 계속하여 그 수는 증가할 것으로 전망

---

13) 한국교회주소록, 1995, pp. 1～29 참조.

인류를 위해 십자가에 매달려 피흘리신 분은 오직 예수 한 분뿐인데, 오늘날 한국 교회는 왜 그렇게 무수한 교파로 분열하고 있는가?

되고 있다. 사실 자고 나면 교파가 생기는 현실에서 교파마다 신학교가 신설된다고 비꼬는 사람도 있다. 그런데 한국에 그 알쏭달쏭한 약 400개의 신학교 간판 밑에서 양성되는 졸업생 수는 매년 15,000명을 돌파하고 있다.[14]

도대체 한국 교회는 앞으로 얼마나 더 분열될 것이며, 또 신학교는 몇 천 개가 더 생겨날 것인가?[15] 끝없는 분열과 신학교의 증가가 곧 복음화요 부흥이요, 교회의 또는 교파의 성장 발전이란 말인가? 또 그것이 총회의 목표이며 정통의 상징이란 말인가? 혹은 삼천리 강산을 온통 신학교와 교파가 남발하는 남대문 시장통으로 만들어야 한국 민족을 구원할 수 있다는 말인가? 그것이 한국 교회가 보여주는 부흥상인가, 혹은 분열과 타락상인가?

'총회'와 '정통'을 고집하는 동안에 한국기독교는 교계는 물론 사회적으로도 앞으로 심각한 문제가 될 것이라고 보는 사람도 적지

---

14) 홍일권 저,「세계기독교 정보(330선)」, 1994, p. 55.
15) 미국 남가주 일대에도 한국인을 위한 신학교 수는 50개가 넘고 전 미국에는 130개가 된다.

않다. 이러한 형태의 기독교는 하나로 뭉칠 수 있는 성격의 종교가 못 된다. 끼리끼리 대립·분열·분쟁을 계속하여 사회악을 조성하고 있으며, 교회 내부에서는 보수·진보·자유 등의 신학사상으로 구별되어 그들의 독성인 배타성이 신앙의 속성처럼 되어서 또 하나의 전통이 되기 때문이다. 이러한 배타성의 결과로 전세계 개신교의 교파 수는 25,500개나 된다.[16] 그렇다면 기독교는 지금 올바른 방향으로 가고 있는가?

그런데 그 분열과 대립을 조성하는 주역들은 대개 정통을 외치는 성직자들이라고 평하는 사람들이 많다. 만일 이러한 집단들이 땅끝까지 선교하여 세계를 복음화 시킨다면 그때 인류는 과연 구원받은 백성으로 행복한 삶을 영위할 수 있으며 예수의 평화스러운 사랑의 왕국이 건설될 수 있을 것인가? 아니면 북아일랜드처럼 한없이 계속되는 분열과 대립으로 지구촌은 온통 아수라장으로 변모될 것인가?

신앙생활을 통해서 인간의 도덕성과 정신세계를 지도하는 종교가 분열·대립하면, 그를 추종하는 신도들도 분열·대립할 수밖에 없다. 교회 인종이나 지역은 물론 민족과 국민들을 분열시키는 역할을 한다는 것은 인류의 역사가 증명하고 있다. 이러한 교회가 남북통일을 앞당기자고 통일운동에 나선다면 그것은 웃기는 이야기인가, 아니면 울리는 이야기인가?

정통이냐 아니냐, 혹은 총회가 인정하느냐 하지 않느냐도 문제지

---

16) 홍일권, op. cit., p. 76; Barrett, D. B., editor, *World Christian Encyclopedia*, 1982, p. 824.

독선과 배타성으로 이렇듯 분열과 대립을 계속하고 있는 기독교는 예수의 몸을 갈기갈기 찢는 강도와 다름없다.

만 그보다 더 심각한 것은 종교 이전의 문제이다.

그 첫번째는 분열을 계속하고 대립을 격화시키는 인간 자체에 있으며, 둘째는 누가 예수의 교훈에 더 충실한가 못한가에 달려 있다. 만일 예수의 교훈보다 칼뱅이나 정통 또는 총회가 더 중요하다면 이는 근본이 잘못된 교회이다. 예수를 떠난 교회이기 때문이다. 그러한 교파는 예수의 교회는 아니다.

지금과 같이 정통과 총회를 추구하는 한 독선과 배타성 때문에 타교파와의 대화가 어려울 뿐만 아니라 자파 내에서도 공존할 수 없는 독선의 집단체로 전락할 수밖에 없다. 사랑·희생·봉사·자비·용서를 가르치신 예수의 정신과는 정반대의 길을 걷고 있는 것이다.

교파간의 대립이나 분열은 전적으로 성직자들의 잘못된 독선과 배타적인 욕심에 토대한 인위적인 결과이다. 인위적인 결정에 권위를 붙이기 위하여 하나님의 이름으로 대립이나 분열을 정당화하고 있는 신앙은 과연 올바른 길을 걷고 있는가? 세속적인 목적을 달성하기 위하여 하나님의 이름을 악용하는 행위는 정당한가? 이와 같은 분열 속에서 예수의 진실한 신앙을 찾을 수 있을까? 예수가 가르친 사랑과 진실이 없는 신앙은 가짜요, 거짓이요, 위선이요, 기만이 아닌가?

우리는 분명히 알고 있다. 성령의 역사는 사랑의 응답으로 겸손·화합·협동을 가져오고, 사탄의 역사는 욕심의 응답으로 대립·분열·배타·독선을 가져온다. 그러므로 아무리 정통과 총회를 주장한다 하여도 분열·대립이 계속되면 그것은 사탄의 역사가 되지 않겠는가?

IV. 칼뱅주의의 독선과 배타성

여기서 잠시 「칼뱅주의」의 기본 노선이란 무엇을 의미하는지를 살펴보자. 간단히 결론적으로 요약하면 칼뱅주의란 신앙생활에 있어서 나와 같은 방향으로 믿고, 행동하고, 그리고 교리나 성경 해석도 나와 일치하지 않으면 이단이라는 뜻을 내포하고 있다.

이는 칼뱅이 종교법원에서 판결한 사건들을 보면 명백해진다. 직설적으로 표현하면 "나와 다른 신앙체계를 가진 자는 죽여 없애 버린다."는 뜻이다. 칼뱅은 그런 형의 신앙노선을 주장하였고 또 그것을 최상의 정통 교리수호의 길로 믿고 그러한 주의와 방법으로 교회를 관리하였으며, 제네바 시를 통치하였던 것은 누구도 부정할 수 없는 사실이다. 58명을 사형에 처하고 76명을 추방·투옥한 일이 이를 뒷받침하고 있다.

만일 위의 추론이 옳고 또 칼뱅의 행적과 사고방식을 옳게 판단하였다면, 그에게 다음과 같은 여섯 가지 명칭을 줄 수 있을 것 같다.

첫째는 칼뱅주의 신학으로 교회를 개혁한 자, 둘째는 살인자, 셋째는 교파분열의 전통을 세운 자, 넷째는 독선 배타주의자, 다섯째는 성경이나 교리 해석권의 독점을 시도한 자, 여섯째는 자기 자신을 불가침의 표준으로 삼으려고 시도한 자 등이다. 이렇게 여섯 가지로 말한다면 틀린 표현일까? 중세기 교황권하에서 교황 통치를 보며 살아온 그는 자신을 마치 새로운 교단의 교황으로 착각하였는지도 모른다.

그의 동기나 근본 목적과는 관계없이 그 결과는 위의 여섯 가지 명칭과 크게 다를 바가 없지 않은가? 특히 성경 해석권을 독점하고 거기에 입각하여 정통·이단을 구분하고, 이단에게는 살인도 서슴지 않았던 그의 행적은 중세기 천주교의 교황권이나 종교재판과 다를 바가 없다. 자기 자신을 교황화 하고 표준화를 시도하였다면 그것은 인간사회에서는 물론 특히 종교계에서도 용납될 수 없는 일이며 또 있을 수도 없는 일이 아닌가?

전세계 도처에서 칼뱅을 추종하는 교단들이 칼뱅주의 추종이란 명목하에 끼리끼리 서로 반목·배척·대립하면서 분열하고 있는 것은 칼뱅주의의 전통을 계승한 까닭이 아닐까? 자기와 동일한 신앙체계를 갖고 있지 않은 사람들과는 비록 같은 칼뱅을 추종하는 교단일지라도, '나는 정통, 너는 이단'의 논리가 적용되면 한자리에 앉아서 예배도 같이 드릴 수 없게 된다. 이와 같이 마귀 사탄은 지혜롭게도 정통을 들고 나온다. 나는 정통인데 이단자들과 합석할 수 있겠는가 하는 사고방식은 실로 사탄의 농락이 아닐 수 없다.

정통을 내세워 이단을 정죄하는
행위는, 마치 소경이 소경을
절벽으로 인도하는 것과 같다.

  이러한 논리와 사고방식으로 소경된 성직자들이 강단에서 외치
는 소리, '우리 교회는 복음에 입각한 정통, 저 교회는 이단' 이라고
정죄하는 주장은 기독교를 멍들게 하고 인류 사회를 분열과 대립으
로 끌고 가는 마귀 사탄의 전략에 이용당하는 것임을 모르고 도리
어 그것을 정통을 수호하는 성령의 역사로 착각하고 있는 것 같다.
소경이 소경을 절벽으로 인도하고 있는 형국이다.

  기독교 내에서 교파간의 대립 분쟁은 오랜 기독교 통일주의
(Ecumenism)운동에도 불구하고 세계 각지에서 매일같이 일어나는
무수한 분쟁의 요소가 되고 있다. 이는 종교적인 문제에서 끝나지
않고 정치적·경제적·사회적·문화적, 특히 도덕적이고 교육적인
현실 문제로 나타나서 인간의 사생활에까지 깊은 영향을 미치고 있
다. 자기가 정통이고 옳다는 주장을 각 교파가 버리지 않을 뿐만 아
니라 타교파와의 교류는 물론 타교파의 교회에 한번 찾아가는 것까
지도 용납할 수 없다고 비난하기 때문이다. 다 같은 성경을 읽고 다
같이 예수의 가르침을 따르고 실천한다는 사람들이 하는 짓이다.[17]

---

17) 압도적인 다수의 천주교 신도를 갖고 있는 아일랜드에서 천주교와 개신교 간
  에 다리를 만들어 기독교의 두 집안이 서로 사이좋게 살게 하겠다고 공약하고 대

통령에 당선된 메리 맥앨리스(Mary McAleese) 대통령 당선자의 이야기이다. 「뉴욕 타임스」(*New York Times*, 1997년 12월 21일, p. 10 y.)가 전하는 이 소식은 기독교 내부의 대립, 즉 천주교와 개신교간의 대립이 얼마나 골 깊은 가를 잘 보여 주는 예이다. 독선·배타성·편협성이 현실화 되면 얼마나 무서운 것인가를 보여주고 있다.

문제의 발단은 독실한 천주교 신자인 그녀가 대통령으로 당선된 후, 지난 1997년 12월 7일 천주교와 개신교 간의 우호관계의 증진을 위하여 대통령 당선자로서 더블린의 한 개신교의 성찬식에 참석하였다. 그녀의 동기와 목적에 대한 아무런 고려 없이 천주교 중진들이 일제히 포문을 열고 그녀를 비난했다. 즉 그녀가 개신교의 성찬식에 참석한 것은 천주교의 교회법을 위반한 것이라는 주장이다. 옛날 같으면 즉시 종교재판에 회부될 문제라는 것이다.

이에 대하여 아일랜드 개신교의 대주교인 로빈 에임즈(Dr. Robin Eames)는 천주교의 그러한 비난을 강력하게 반격하고 나섰다. 또 로마 교황청 아일랜드 주재 대사는 이러한 사실을 교황에게 즉시 보고했다. 그리고 아일랜드 천주교인들은 모든 언론기관을 통해서 자기들의 주장을 맹렬하게 피력하였다고 한다.

또 이 사건은 즉시 이웃 북아일랜드에까지 그 영향을 미쳤다. 그렇지 않아도 천주교와 개신교 간의 대립 때문에 약 30년 가까이 많은 인명 피해를 내고 계속 피를 흘려온 그곳에서도 쌍방이 자기들의 주장만을 되풀이하는 반응을 보였다. 쌍방의 성직자들은 학교를 통합한다든가 어린이들이 같은 교육을 받는 것을 반대하고 있다. 서로가 어린 시절부터 같은 학교에서 같이 교육을 받으면 서로 이해도 깊어지고 공존공영할 수 있다고 하는 의견도 있으나 소수 의견이고 다수에게는 전혀 통하지 않았다.

천주교와 개신교의 이러한 철저한 분리와 배척은 교육도 별도로, 예배도 별도로, 친목도 별도로, 결혼도 끼리끼리만 하고 살다가 죽은 후에도 자기들만이 할 수 있는 특수한 장례식을 거쳐서 별도로 지정된 다른 묘지에 묻히면 된다는 것을 의미하지 않는가? 그들이 그렇게 살다가 천국에 간다면, 그 천국은 같은 천국인가, 아니면 다른 천국인가? 같은 천국이라면 그곳에서도 싸움이 계속되지 않겠는가? 또 천국에서 하나님을 만나면 세상에서 남을 배척하고 차별하고 우리끼리 잘 살다가 왔다고 말할 것인가? 그들에게 무슨 자비·관용·희생정신·사랑을 기대할 수 있겠는가? 그러면 하나님은 그들을 그대로 천국에 둘 것인가, 지옥으로 모두 내쫓아 버릴 것인가?

새로운 교단을 만들어 독립교단을 조직한 지도급 성직자가 말하는 경험담을 단적으로 요약하면 대개 다음과 같다.

"나는 정통, 너는 이단", "나는 진짜, 너는 가짜", "내 신앙은 옳고 네 신앙은 틀린 것", "내 일은 성령의 역사, 네가 하는 일은 마귀의 역사", "그러므로 나는 너와는 같이 할 수 없으니 우리 진짜들은 따로 모인다." 등의 일련의 과정을 거쳐서 교파가 분열한다.

하나의 새로운 교단이 탄생되는 그 배후에는 예외는 있을 수 있으나 대개는 믿음의 형제들을 불신·멸시·배척·정죄하는 독선, 배타의 정신이 숨어 있으며 또 개중에는 성격의 차이나 명예와 물욕 때문에 분열하는 무리도 있다.

교파의 분열과 대립은 주로 성경 해석과 교리 차이 때문에 일어난다. 그리고 하나님의 이름으로 분열이 자행되고, 기도하며, 대립하는 것이다. 그러나 아무리 성경을 들고 기도하며 성령의 역사임을 강조할지라도 그것은 분명히 사탄의 역사임을 부정할 수 없다. 겸손·사랑·관용은 예수의 정신이요, 독선·교만·멸시·대립·분쟁은 사탄의 농락이기 때문이다.

사람이 만든 교리나 사람이 하는 신학적인 해석 때문에 생기는 사람과 사람간의 대립 분쟁으로 얼마나 더 많은 인류가 죽고 더 많은 고통을 겪어야 하는가? 이것이 하나님께서 창조하신 인간들이 할 일인가?

예수를 믿는다면서 교파가 다르다고 예배도 같이 드릴 수 없는 기독교인들이 건설하는 사회가 얼마나 화목하고 평화스러울까?

독선과 대립과 배타성이 없어지지 않는 한, 교회가 인류를 구원하고 사회를 화목하게 정화한다는 것은 요원해 보인다. 독선적이며

각자의 독선에 따라 자의적으로 '예수의 말씀'을 해석하는 무리는
분열과 대립을 낳기 마련이다.

배타적인 집단은, 분열과 대립을 조성하는 사회악을 조장하기 때문
이다. 칼뱅은 개혁이란 업적은 남겼으나 동시에 교파분열이라는
씨를 뿌리고 배타적인 독선의 인습을 세운 실수를 범했다.

그러므로 자기의 과오를 자각하고 일대 방향전환을 하지 않으면
기독교는 인류 구원이란 목표에서 멀리 탈선할 것이다. 그런 교회
세력은 '암적인 존재'가 되어 200년 내에 박물관적 존재가 될 것이
라고 예측하는 미래학자들의 예견에 우리는 주목해야 한다.

V. 재고해야 할 선교정책

또 이런 교회가 복음 전파라는 명목으로 외국에 열성적으로 선교
사를 파송한다면 그 선교사들이 선교지에 가서 무엇을 전할 것인

가? 그들이 배우고 듣고 아는 것이란 그런 것뿐인데 그 젊은이들이 가는 곳마다 교회라는 배타적인 집단을 형성할 것이 아닌가? 또한 정통과 총회를 주장하면서 25,000여 개의 교파로 분열된 기독교의 재판(再版)을 만들어 놓을 것이 아닌가? 그렇다면 선교사들은 그 선교 지역에 분열과 사회악의 원인과 근거를 전달하거나, 그런 조직과 교회를 만들어주러 가는 셈이 되지 않겠는가?

이제 기독교는 겸허하게 반성하고 개혁할 때가 왔다. 특히 성직자들은 눈을 뜨고 마음을 열어 진실과 진리를 보아야 한다. 십일조 봉투에 흐려진 눈에 안약을 바르고, 눈을 뜨고, 각자의 몸과 마음의 병을 먼저 치료해야 한다. 오늘도 주님은 십자가를 지고 가시면서 우리를 바라보고 계신다. 골고다로 향하시는 그 정신·사랑·관용·희생·봉사, 이런 정신의 실천이 없으면 교회는 사회악의 근원이 될 뿐이라고 하면 지나친 표현일까?

말로는 사랑·구원을 외치면서 뒤로는 차별하고 노예제도를 만들고 살인하는 종교는 인류 사회에 해가 되기 때문에 필요가 없다. 정통이란 간판을 걸어놓고 자기 교회에만 구원이 있다는 독선·배타의 종교도 필요없다. 말로는 사랑을 외치고 뒤로는 신도들을 괴롭히는 종교도 필요없다. 인류에게 필요한 종교는 예수의 사랑을 실천하는 종교이다. 그리고 타종교와 공존공영할 수 있는 종교라야 한다.

VI. 칼뱅의 살인은 무엇으로 정당화될 수 있는가?

여기서 우리는 한걸음 더 깊이 들어가 칼뱅을 재조명해 볼 필요가 있다. 전술한 바와 같이 칼뱅은 종교법원을 주도하는 4년 동안에 58명을 사형에 처하고 76명을 투옥하거나 추방하였다.

그러면 그가 왜, 어떤 죄명으로 그 많은 신도들을 처형하였는가 하는 물음에 대하여 그 이유를 다음과 같이 추적해 볼 수 있다.

첫째, 정통교리를 수호하기 위하여, 둘째, 이단교리를 방지하기 위하여, 셋째, 교회규율을 엄격히 하기 위하여, 넷째, 제네바 시의 질서를 확립하고 칼뱅이 생각하는 도덕을 향상시키기 위하여, 다섯째, 칼뱅의 신앙체계를 견지하기 위하여 등등이다.

그렇다면 우리는 여기서 하나의 순수한 인간으로서 다음과 같이 몇 가지 심각한 문제를 제기하지 않을 수 없다.

첫째, 자기가 옳다고 믿는 정통교리를 수호하기 위해서는 살인을

종교 개혁을 풍자한 삽화 ; 교회 규율을 엄격히 하기 위해
무력을 사용한 처형이 올바른가?

해도 된다는 말인가? 자기와 다른 교리를 믿는 자는 다 죽여 버려야하는가? "살인하지 말라"는 계명은 여기에 적용되지 않는가?

둘째, 이단을 방지하기 위해서는 살인을 해도 된다는 말인가? 이단은 죽여야 하는가?

셋째, 교회규율을 엄격히 하고 엄숙한 예배를 드리기 위해서 방해가 되는 자는 모두 죽여 버려도 된다는 말인가? 교회규율은 성경의 계명보다 더 중요한가?

넷째, 질서를 확립하고 시민의 도덕성을 향상시키기 위해서는 살인을 해도 된다는 말인가? 부도덕한 자는 다 죽여 없애 버려야 하는가? 교회는 그런 짓을 하는 곳인가? 그 기준은 누가 선택하고 결정하는가?

다섯째, 칼뱅의 신앙체계를 표준화하고 정당화하기 위해서는 살인을 해도 된다는 말인가? 칼뱅주의를 따르는 자는 살려두고 기타의 신앙체계를 따르는 자는 다 죽여 없애 버려야 하는가? 예수께서 그렇게 하라고 가르쳤는가? 칼뱅주의는 예수의 교훈보다 우위에 있는가? 도대체 그는 누구를 믿고 또 무엇을 근거로 하여 그렇게 많은 신도들을 죽였는가?

칼뱅의 눈에는 예수도 보이지 않고 또 그가 그처럼 절대시하던 성경도, 특히 살인하지 말라는 계명도 보이지 않았는가? 그의 목적은 오직 자기 자신의 표준화를 수호하려는 데 있었던 것 같다. 성경은 자기의 절대 권위를 관철하고 뒷받침하기 위하여 이용한 도구에 불과하였고, 자기 자신의 성경해석과 결정만이 모든 선악의 표준으로, 그리고 구원과 멸망을 선별할 수 있는 절대적인 기준으로 확신하고 부지중에 자신을 신격화한 것이 아니었는가?

칼뱅은 성인과 성 유골에 경배하는 것을
우상숭배라고 보아 강력하게 비판했다.
; 반개신교적(가톨릭)인 조각품을 부수는
우상파괴주의자

처형을 하면 할수록 그의 권위와 명성은 더욱 높아지기 때문에, 그에게 있어서 처형은 승리의 상징이었고 그래서 그는 그 일을 통해서 승리의 쾌감을 느꼈을지도 모른다. 사형을 서슴지 않았던 그의 행동이 그러한 사실을 뒷받침해 주고 있는 것 같다.

예수께서 예루살렘을 향하여 가실 때, 반대하는 무리들이 나타났다. 이때 화가 난 제자들이 예수에게 물었다.

"선생님! 하늘에게 불을 내려 저 자들을 몰살시켜버릴까요?"

이때 예수께서 뭐라고 대답하였는가? 도리어 제자들을 책망하시고 방향을 바꾸어 다른 촌으로 가셨다고 기록되어 있다.

"인자는 사람의 생명을 멸하러 온 것이 아니요, 구하러 왔노라" (눅 9:53-56과 난 외의 55절)

이와 같이 예수는 사람의 생명을 구하러 오신 분이었다. 그의 선교여행을 반대하는 자들에게도 관용을 베푸신 분이다. 분명히 예수는 생명을 멸하러 오신 분이 아니고 구하러 오신 분이었다.

그런데 칼뱅은 어떤 길을 택했는가?

칼뱅이 멸한 대상은 불신자들이 아니었다. 이단도 아니었다. 또 교회를 거역한 사람들도 아니었다. 그가 멸한 대상은 칼뱅의 교리와 일치하지 않는 자들이었다. 칼뱅은 자기의 교리와 자기의 성경 해석의 권위와 자기의 권위에 도전하는 자들을 처형하였다.

그러면 칼뱅은 성령의 사역자였는가? 혹은 사탄의 사역자였는가? 여기에 대하여 기독교는 명확한 입장을 표명해야 한다. 지금도 그의 신학은 지구촌 방방곡곡에서 판을 치고 있기 때문이다. 기독교는 정통을 절대시하며 그것을 위하여서는 살인도 용납할 수 있는 종교인가? 이단이나 혹은 교리의 차이로 살인을 용납하는 종교가 있다면 그런 종교를 인류 사회는 보고만 있어도 되는가?

당시 칼뱅이 지도하던 제네바 시의 교회에는 논리정연한 칼뱅의 신학도, 돈독한 믿음도, 정통교리도 있었을 것이다. 그러나 없는 것이 하나 있었는데, 그것은 바로 예수의 가르침, 예수의 정신인 사랑과 관용이었다. 그렇다면 제네바 교회는 알맹이가 빠진 교회였다. 알맹이가 없는 빈 껍질의 신앙, 그리고 빈 껍질의 교회가 생명을 해쳤다. 예수 없는 교회가 살인자들의 집단으로 변모한 것이다.

칼뱅의 정통교리와 이단론의 신학이 사람을 죽였다. 살인을 주저하지 않는 칼뱅의 교리가 정통이 되었다. 칼뱅은 형제를 미워하고, 판단하고, 배척하는 죄를 범했다. 그는 성경을 들고 하나님의 이름으로 살인을 저질렀다. 죄명은 이단이었다. 내 신앙은 정통이고 남의 신앙은 이단이어서 죽였다. 정통만 살고 이단은 죽여야 한다는 독선이었다. 그는 기독교를 '살인교'로 착각하였던 것일까? 칼뱅이 자기 신앙에 입각한 교회를 개척하노라고 기독교를 살인교로 전락시켰던 죄악을 무엇으로 속죄할 수 있겠는가?

VII. 개신교의 교파 분열의 죄악

이 문제를 다시 한번 정리해 보자.

전세계에 산재하고 있는 수많은 종교 중에서 기독교만을 믿어야 하고, 그 기독교 중에서도 개신교만을 택해야 하고, 그 개신교 중에서도 정통 신앙에 입각해야 한다는 것이다. 그리고 또 정통 신앙에서 한치라도 벗어나면 이단이 된다. 이단이란 말은 처형의 대상이 된다는 뜻이었다. "죽여 없애 버린다."는 뜻이었다. 그렇다면 그런 신앙 속에 예수의 사랑이 있을 수 있는가? 예수 없는 신앙이 정통인가, 이단인가?

개신교는 정통신앙의 논리하에서 지금 전세계에 25,000여 개의 교파로 분열되어 있다. 분열된 수많은 교파들은 대체로 '나는 정통, 너는 이단'이란 독선으로 끼리끼리 분열되어 반목·대립하고, 적대시하고, 멸시하고, 정죄하고, 배척하면서 분파되었다.

따라서 각 교파에 속한 신도들도 서로를 적대시하고, 멸시하고, 정죄할 수밖에 없는 방향으로 나아가고 있다. 기독교의 교파 분열은 곧 인종과 민족뿐만 아니라 같은 마을 주민들의 분열까지도 촉진하는 요인이 되고 있다.

옥스퍼드 대학 출판사에서 발표한 아래의 통계에 의하면 1985년도의 전세계 기독교의 교파 수는 223개국에 22,150개로 나타나 있다. 교파의 증가 속도로 추산해 보면 1997년을 기준으로 총 교파 수는 약 25,270개가 된다.[18]

---

18) Barrett, op. cit., p. 824. 주말만 빼면 교파가 거의 매일 하나씩 생긴다는 계산

개신교의 그 많은 25,270개의 교파가 모두 꼭 같은 하나님을 믿고 꼭 같은 성경을 읽고 꼭 같은 사도신경을 고백하면서도 이렇게까지 분파되었다. 앞으로 얼마나 더 분열할 것인가? 이 많은 교파가 거의 다 '나는 정통, 너는 이단'이란 논리하에서 서로가 대립, 배척, 반목하면서 이단과는 한자리에 앉아서 예배도 같이 드릴 수 없다고 거부하여 분열을 계속해 왔다.

기독교가 이와 같이 인류의 화합은 고사하고 기독교인들 자신들끼리도 끼리끼리 흩어지고 갈기갈기 쪼개져서 인류 사회를 분열·대립시키는 집단체라는 것이 증명되었다. 기독교의 밑바닥이 보이기 시작한 것이다. 이러고도 기독교만이 인류 구원의 종교라고 장담할 수 있는가? 그런 상태의 기독교가 어디에 가서 누구에게 뻔뻔스럽게 선교할 수 있을 것인가? 교회는 이기적 집단체가 되었고 기독교라는 종교는 그 이기심에 입각하여 독선과 배타성을 실천하는 종교가 되었다. 부정할 수 있을까? 기독교는 지금 과연 올바른 방향으로 가고 있는가 자문자답해 보자.

자기 신앙을 기준으로 삼아 남의 신앙을 이단으로 낙인 찍는 자는 정녕 마귀 사탄의 앞잡이이다.

남을 사랑하고 도우라는 예수의 정신은 어디론가 없어지고 그 대신 예수의 이름으로 교회들끼리, 교파들끼리, 기독교인들끼리 서로 증오와 대립으로 적대시하며 인류 사회를 사람 살기 어려운 세상으

이다. 1970년에서 1980년까지 10년 동안 증가된 교파 수는 2,619개이다. 또 1975년에서 1985년까지 10년 동안 증가된 수도 약 2,636개이다. 즉 10년 동안 약 2,600여 개가 증가하고 1년에 약 260개가 증가한 셈이다. 그러면 1995년도에는 24,750개가 될 것이고, 1997년 현재는 25,270개라는 계산이 나온다.

로 전락시키고 있지 않는가? 이것이 '나는 정통, 너는 이단' 이라는 독선 배타성이 인류에게 끼친 해악이다. 그러한 해악 때문에 인류의 미래는 생존의 위기를 논할 수밖에 없는 지경에까지 이르렀다.

그럼에도 불구하고 아직도 많은 성직자들의 정통·이단 논쟁은 그칠 날이 없으니 웃어야 할 것인가, 울어야 할 것인가? 만일 기독교가 땅 끝까지 이르러 복음을 전파하여 지구촌을 독점하는 날 기독교는 이단·정통의 분쟁에 휩싸일 것이다. 지구촌은 지금의 북아일랜드처럼 교파 전쟁으로 심각한 위기를 맞이하게 될 것이다. 그러면 그 책임은 누가 져야 할 것인가? 인류를 망치는 종교가 될 것인가, 혹은 인류 구원의 종교가 될 것인가 신중히 고려해 보아야 할 때이다.

VIII. 칼뱅은 구원을 받았는가?

칼뱅주의를 조명하기 위하여 성경의 말씀을 살펴보자.

> "그 형제를 미워하는 자마다 살인하는 자니 살인하는 자마다
> 영생이 그 속에 거하지 아니하는 것 을 너희가 아는 바라"
> (요일 3:15)

이 말씀에 따르면 '나는 정통, 너는 이단' 을 주장하는 자는 살인 죄인이라는 뜻이다. 형제를 미워하고 정죄하였기 때문이다. 그렇다면 현재 칼뱅의 거처는 어디 있는지 짐작하고도 남음이 있다. 즉

그는 살인자라는 죄명으로 영생과는 상관없이 불과 유황 못(계 21:8) 속에 거할 것이 분명하지 않은가? 그러면 그는 구원에서 제외된 것이 아닌가?[19] 구원받지 못한 영혼이 주장하던 신학을 기독교가 계속 추종해야 할 것인가? 그래도 괜찮은가? 그런 신학을 추종하면 그들도 역시 칼뱅의 뒤를 따를 것이 아닌가?[20] 그런 신학이 인류를 구원할 수 있을 것인가 묻고 싶다.

> "너희가 서로 사랑하면 이로써 모든 사람이 너희가 내 제자인
> 줄 알리라"(요 13:35)

이 성경은 예수의 제자가 되는 조건은 사랑의 실천 여하에 있으며 성경 해석이나 신학적 이론이 아니라는 뜻이다. 아무리 신학적 이론을 들고 나와 정통을 가장하더라도 형제를 미워하고 정죄하고 사랑을 실천하지 않으면 예수의 제자가 아니다. 그가 바로 살인자요,

---

19) 칼뱅의 영향을 받은 존 낙스(John Knox)는 스코틀랜드에 장로교를 세운 공로자로 인정받고 있는 유명한 종교개혁자 가운데 한 사람이다. 그러나 그도 두 번 결혼한 것 이외에 두 유부녀와 공공연히 간통을 하였다. 첫번째 여자는 보위 부인(Mrs. Bowes)으로, 그녀를 남편에게서 빼앗았을 뿐만 아니라 그녀의 딸까지도 빼앗아 그녀와 결혼하고 은퇴 후 제네바로 데리고 가서 그 모녀와 함께 살았다고 한다. 또 한 여자는 로크 부인(Mrs. Locke)으로서 그녀는 남편을 버리고 그녀의 딸과 가정부까지 데리고 제네바까지 낙스를 찾아갔다. 그는 이외의 다른 여자들과도 관계를 맺었다.; Tayor, G. R., *Sex in History*, 1954, p. 160.
20) 본 저자는 장로교의 한가운데서 그 영향을 받고 자랐다. 주기철 목사님의 감화로 일정 때에 장로교계 신학교를 졸업하고, 장로교회의 조사(助師, 조사는 목사 안수 전에 갖는 직명)가 되었다. 따라서 본 저자도 상당 기간 칼뱅 신학의 추종자였음을 밝혀 둔다.

예수의 가르침을 정면으로 거부하는 자이기 때문이다.

칼뱅이 거의 모든 성경을 다 주석하였으나 요한계시록만은 할 수 없었던 이유를 알 만하다. 그것은 요한계시록 21장 8절과 22장 15절을 해설할 수 없었기 때문일 것이다. 거기에서 아마 자기 자신이 '살인자'라는 것을 발견했을지도 모른다.[21]

이와 같은 사실을 알면서도 그의 신학을 추종하려는 사람은 다음의 사항을 염두에 둘 것을 기대해 본다.

첫째, 자기를 표준하여 다른 신앙체계를 이단시하고 미워하여 살인죄를 범하지 말 것

둘째, 내 신앙은 언제나 옳고 정통이며, 남의 것은 이단으로 정죄하고 적대시하는 독선과 배타적 성향에서부터 해방될 것

셋째, 신학적 이론이나 성경 해석에 있어서 자기 해석만을 표준화

내 신앙을 정통으로 삼아 남의 신앙을 이단으로 몰아 정죄하는 행위는 '예수의 사랑'의 정신에 위배된다.

---

21) 요한계시록(22:18-19)에 의하면, 성경 즉 하나님의 가르침을 따르지 않는 자들은 모두 이단이기 때문에 저주를 받게 되며, 성경 즉 하나님의 말씀을 가감하는 자들도 죽음을 당하게 된다.

하는 성경 해석의 독점권을 포기할 것 등등이다.

이런 것들이 실천되지 않으면 기독교의 종파 분열은 한이 없을 것이며, 교회는 사회악의 근거지가 될지도 모르며 또 인류 구원의 종교에서 제외될지도 모르기 때문이다.

IX. 칼뱅은 정통인가, 이단인가?

만일 어떤 개신교 성직자에게 "당신은 정통인가, 이단인가." 하고 물었다면 그는 거의 틀림없이 "물론 정통이지요." 하고 퉁명스럽게 대답할 것이다. 그런데 사실을 알고 보면, 그는 이단이면서도 정통으로 착각하고 있다는 것을 알 수 있다. 왜냐하면 천주교에서 갈라져 나온 개신교를 천주교에서는 이단으로 단정했기 때문이다. 모든 개신교는 일종의 '이단' 이다.

개신교가 천주교에서 갈라져 나온 직접적인 동기는 천주교가 면죄부를 팔았기 때문이었다. 즉 정통인 천주교는 면죄부를 팔아 부정·착복하고 있었는데, 이를 반대하고 나온 개신교도들은 이단자가 되었다. 천주교는 정통이었고 루터 일파는 이단자들이었다. 그러면 정통이 옳은가, 이단이 옳은가? 하나님은 정통 쪽에 계실까? 혹은 이단자들을 기뻐하실까?

또 감리교 창설자 존 웨슬리는 부패하고 타락했던 영국 사회를 구하기 위하여 성화운동을 일으켜 나라를 위기에서 구한 영국의 은인이었다. 그러나 영국 국교는 그를 이단으로 몰아 국교회에서 추방하였다. 영국교회는 정통이었고 웨슬리는 이단이 되었다. 그러므로 감리교인들은 영국 국교에서 보면 모두 이단자들이라는 것을 알아야 한다. 즉 감리교는 천주교에서 이단으로 몰렸고, 또 영국국교에서도 이단으로 추방되었으니 이단의 이단이 된 것이다. 그러면 정통이 옳은가, 이단이 옳은가? 하나님은 어느 쪽을 기뻐하실까?

지동설을 지지했던 브루노와 갈릴레오는 천주교에서 이단자로 몰려 종교재판에 회부되어 브루노는 처형되고 갈릴레오는 겨우 목숨만을 건질 수 있었다. 태양이 지구를 돌고 있다고 주장한 천주교는 정통이었고, 지구가 태양의 둘레를 돌고 있다고 진실을 주장한 두 과학자는 이단자들이 되었다. 그러면 정통의 주장이 진실이었는가, 이단자들의 주장이 진실이었는가? 정통이 옳은가, 이단이 옳은가? 전 인류가 다 정통이 되어 이 두 사람을 이단으로 처단하더라도 그 이단자들의 주장이 진리였음을 어찌하랴.

또 예수는 당시 유대교 정통들에게 이단으로 몰려 희생되지 않았는가? 그 부패·타락·형식화 하였던 유대교 지도자들은 정통이었고 예수는 이단으로 몰려 십자가까지 져야만 했다. 그러면 정통이 옳은가, 이단이 옳은가? 하나님은 어느 쪽을 기뻐하실까?

이 영광스러운 이단의 영예를 버리고 도리어 그것을 사탄시하며 사탄의 농락에 끌려 정통으로 자처하면서 타인의 신앙을 이단시하고 정죄하고 심판하는 천주교들이나 개신교도들의 눈은 소경인가? 또 그런 정통을 동경하는 이유는 무엇일까? 정통이 마귀 사탄의 작품이라면 이단은 성령의 작품이 아닌가?

이런 이단자들이 정통을 가장하고 서로가 서로를 이단으로 정죄하고 탄압하고 차별하는 광경은 희극인가, 비극인가? 이제 우리는 감았던 눈을 뜨자. 올바른 것을 보아야 할 때는 왔다. 자기 신앙을 표준으로 삼아 타 신앙을 이단시하고 배척하는 자를 마귀 사탄의 앞잡이라고 하면 틀린 말인가? 그들은 예수를 배신한 가룟 유다의 역할을 하고 있다.

「사도신경」을 기준으로 정통과 이단을 구분한다는 거짓말은 웃음 거리가 된 지 이미 오래다. 그것을 따르고 믿고 주장하는 교파들끼리 서로가 정통·이단을 시비하고 배척하고 분열하고 있다. 자기 신앙과 자기의 성경 해석 독점권을 가지고 자기의 성경 해석을 표준으로 삼아 이웃의 신앙을 심판하고 배척하고 죽이는 자가 정통인가? 겸손하게 이웃의 신앙을 존중하며 공존의 사랑을 실천하는 자가 정통인가?

정통과 이단의 척도는 무엇인가? 그 척도는 누가 만드는가? 총회가 만드는가, 신학자가 만드는가, 성경이 만드는가, 이 셋이 합하여 만드는 것인가? 또 그 셋이 합쳐서 다수가결로 만드는 것인가? 그런 과정을 거쳐서 만들어진 정통과 이단이라는 척도 때문에 꼭 같은 성경, 꼭 같은 하나님을 믿으며 겉으로는 사랑·겸손·화해를 주장하면서도 25,000여 개의 교파로 분열되어 서로 멸시하고 배척하며 그 분열의 속도가 가속화되고 있음은 무엇을 뜻하는가? 기독교의 미래를 비관적으로 보는 미래학자들의 말은 허구일까? 귀 있는 사람은 들을지어다.

그러면 칼뱅은 정통인가, 이단인가? T파와 K파와 H파는 누가 정통이고 누가 이단이란 말인가? '나는 정통, 너는 이단' 이란 논리로 분파하는 자들은 희극배우들인가, 비극배우들인가? 아니면 기회주의자들인가? 혹은 이기주의자들인가? 기독교는 이러한 배우들 때문에 인류사회를 분열시키면서 사회의 웃음거리가 되어 희귀한 과거사나 물품을 전시하는 박물관을 향하여 돌진하고 있는 존재로 전락하고 있음을 알고 있는지 모르겠다.

그리스트교/계통도

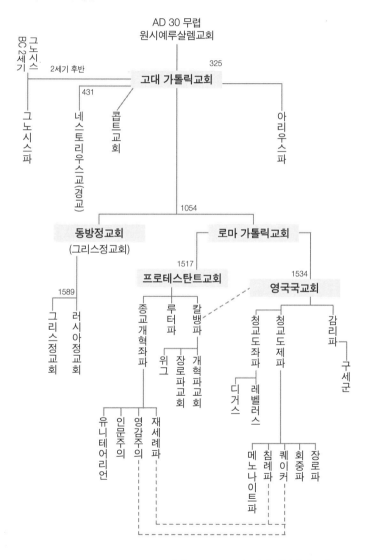

제9장

두 얼굴을 가진 청교도들
- 기독교 제국주의-

I. 청교도와 신앙의 자유

약 300년 동안 계속되어 온 청교도들의 북미 침략과 그 결과를 이 장에서 구체적으로 다룬다는 것은 불가능하다. 그러나 승자의 입장에서 그려진 역사와 자료를 무시하고, 패자의 입장과 제3자의 입장에서 본 청교도들의 침략사를 저자가 보는 시각에서 간략하게 재조명해 보기로 한다. 제한된 지면상 구체적인 예를 충분히 들 수 없는 것이 유감이다.

청교도들은 신앙의 자유를 찾아 신대륙 아메리카로 이주하여 오늘의 강력한 미국을 건설한 성스러운 역군들이라고 대다수의 사람들이 알고 있다. 그러면 청교도들은 어떻게 시작되었으며 또 그들은 어떠한 수단과 방법으로 오늘의 미국을 건설하였는가? 이 문제를 역사적 사실에 입각하여 공정하게 객관적인 입장에서 살펴 볼 필요가 있다.

영국에서 17세기 내내 박해를 받았던 청교도들은 '신앙의 자유'를 찾아 아메리카 대륙으로 떠났다.

영국 왕 헨리 8세(Henry VIII : 1509~1547)는 자신의 결혼문제로 로마 교황에게 파문(1533년)을 당한 후에, 교황과의 관계를 단절하고 1534년 국회의결로 영국 독립교회인 성공회(Anglican Church)를 국교로 세우고, 자신이 영국교회의 수장이 되었다.[1] 또 그의 딸 엘리자베스(Elizabeth : 1558~1603) 여왕도 그 나름대로 종교개혁을 단행하였으나 아직도 모든 예배양식이나 교리는 여전히 로마 천주교를 그대로 답습하였을 뿐 영국 국교인 성공회는 로마 천주교 영역에서 크게 벗어나지 못했다.

여기에 반대하여 장로가 중심이 되는 칼뱅주의의 신학으로 철저하게 영국 교회를 개혁하자고 주장한 일파가 있었으니 그들을 정치적으로 분리주의자(分離主義者, Separatist)라고 불렀다.[2] 그들의 신앙은 칼뱅주의의 엄격한 신학사상에 입각하였으며, 하나님의 뜻을

엘리자베스 1세
수장령·통일령을 반포하여
영국 국교회를 확립했으며,
에스파냐의 무적함대를 무찔러
해상의 패권을 장악하고
세계적 상업국으로 발돋움시켰다.

1) Walker, W., *A History of the Christian Church*, 3rd. edition(Charles Scribuner's Sons, New York), 1969, 류형기 역, 기독교회사, 1979, p. 348.
2) Ibid., p. 482.

무상의 법칙으로 신봉하고 인간의 권위에 두려움 없이 오직 하나님의 뜻을 수행하는 것만이 최상의 삶이라고 믿었다. "구원을 받느냐 못 받느냐?" 하는 문제는 그들에게 생명 그 자체였다. 이와 같은 교리에 입각한 그들의 생활은 청렴결백하였으므로, 1560년 초부터 그들은 청교도(Puritans)라고 불리었다.[3]

그러한 교리에 입각하여 존 스미스(John Smith : ?~1612)는 게인스보로(Gainsborough)에서 제일회중교회를 시작하였고, 윌리엄 부루스터(William Brewster : 1560~1644)는 스크루비(Scrooby)에 있는 자기 집에서 제2회중교회를 시작하였다.[4] 왜냐하면 영국교회가 로마 천주교에서 물려받은 예배 양식은 우상숭배의 요소가 농후했기 때문에 그들의 신앙의 양심을 가지고서는 도저히 영국교회의 예배에 참석할 수가 없었다.

그런데 영국교회는 국법으로 운영되고 있었으므로 예배에 출석을 거부하거나 교회의식에 반대하는 것은 용납되지 않았다. 뿐만 아니라 허가 없는 종교집회도 금지되어 있었으며 위반자는 경중에 따라 투옥·추방·사형 등의 형벌이 내려졌다.[5]

그러한 여건에서 청교도들은 국법을 지지하는 왕실과 지주층과 유력한 구 세력과의 심각한 대립으로 철저한 탄압과 박해를 면치 못하게 되었다. 또 그 대립은 심각한 종교적·경제적·정치적 투쟁으로 변하게 되어, 국교회와 정부의 박해 때문에 영국에서는 도저

---

3) Ibid., p. 479.
4) Ibid., p. 486.
5) White, E. G., *The Great Controversy*, 천세원 편, 「各 時代의 大爭鬪」 上, 時兆社, 서울, 1982, p. 480.

히 살 수 없는 궁지에까지 몰리게 된 청교도들은 복종이냐, 추방이냐, 탈출이냐 이 세 가지 가운데 하나를 택하지 않을 수 없게 되었다. 이때 그들이 택한 길은 신앙의 자유를 위한 탈출, 도피였다.

II. 청교도들의 도피 : 네덜란드로, 아메리카로

"이제 영국은 우리가 영구히 거주할 곳이 되지 못한다."[6]고 판단한 그들은 네덜란드로 피난길을 떠나기로 했다. 그리하여 제일회중교회는 1608년 암스테르담(Amsterdam)으로 이주하여 침례교회를 세웠고, 제2교회는 존 로빈슨 목사와 윌리엄 부르스터 지휘하에 1609년 라이덴(Leyden)으로 피난길을 떠났다.[7] 이 두 사람은 모두 케임브리지 대학 출신들이었다.

약 백 명의 교인들이 모인 제2교회의 지도자들은 라이덴에서 약 12년간 목회하면서 동시에 인쇄업을 경영하여 분리주의 교회의 필요성을 소책자로 만들어 영국으로 밀수하던 중, 두 나라 정부간의 교섭으로 인쇄소는 몰수되고 부르스터는 투옥되었다.[8] 피난처였던 네덜란드도 영구히 거주할 땅이 못 된다는 것을 깨달은 그들은 조금도 굴함 없이 신앙의 자유를 찾아 신대륙 아메리카를 향하여 모험의 이민 길을 떠나기로 결의하였다.[9]

---

6) Ibid., pp. 480~481 참조.
7) Walker, op. cit., 류형기 역, p. 486.
8) Ibid., p. 488.
9) Ibid.

이 일을 선두에서 주장한 이는 존 로빈슨 목사와 윌리엄 부르스터였다. 부르스터는 부인과 아이들 등 35명의 청교도 동지들과 함께 떠나기로 하였지만, 로빈슨 목사는 사정으로 떠나지 못하였다.[10] 이들이 35명의 뱃삯 7,000파운드를 미국에 가서 어업으로 상환한다는 조건으로 런던의 무역회사에서 무담보로 빌릴 수 있었던 것은 실로 천만다행한 일이었다.[11]

이들이 아메리카로 떠날 때, 1620년 7월 20일 라이덴 교회에서는 그들을 위해서 송별예배를 드렸다. 로빈슨(Robinson) 목사는 「스가랴」 8장 21~23절을 읽고 청교도들을 하나님께 부탁하였다. 여기에 그의 설교 내용 중 중요 부분만을 간단히 소개한다.[12]

"형제들이여, 우리는 이제 영구히 나누일 마당에 임하였습니다. 내가 과연 형제들의 낯을 다시 볼 수 있을지 없을지는 오로지 하나님께서만 아시는 바입니다. 하나님께서 과연 다시 만날 기회를 주실지 아니 주실지는 알 바가 아닙니다. 오직 나는 하나님과 거룩한 천사들 앞에서 형제들에게 부탁할 것이 있으니 형제들은 내가 그리스도를 따라간 만큼 이 점에 있어서 나를 따르기를 희망합니다……일찍이 여러분이 교회에서 한 서약, 이

---

10) Ibid., p. 487.
11) Cairns, E. E., *Christianity Through the Centuries, A History of the Christian Church*,
   Zondervan Publishing, 1954, 河本哲夫, 「基督敎全史」, 聖書圖書刊行社, 仙台, 1957, p. 483.
12) 박영호, 「淸敎徒의 信仰」, 기독교문서선교회, 1994, p. 338.

미 나타난 바 또는 후일에 나타날 바 주의 길을 온전히 걸어가 기로 동의한 그 서약을 기억하십시오. 여러분에게 성경상 어떠 한 진리와 빛이 나타나든지 이를 복종하겠다고 하나님을 향하 여, 또는 피차에 서로 맹세하고 약속한 바를 기억하십시오. 그 리고 또한 주의할 것은 여러분이 어떠한 진리든지 이를 받아들 이는 경우에는 반드시 그것을 다른 성경 진리와 비교하여 상고 하라는 것입니다. 왜냐하면 그리스도의 교회는 극히 최근에야 비 그리스도적 암흑 가운데서 나왔을 뿐 아주 완전한 지식이 한 꺼번에 환하게 비쳤다고 말할 수는 없기 때문입니다……"[13]

예배가 끝나자 그들은 이별의 정을 나누며 비장한 각오를 가지고 미지(未知)의 세계로 신앙의 자유를 찾아 떠나게 되었다.

그 35명의 청교도들(The Pilgrim Fathers)은 60톤급의 선박 스피드 웰(Speedwell)이라는 배를 타고, 영국 남쪽 해안에 위치한 싸우샘 튼(Southampton) 항으로 향하였다. 거기서부터는, 일확천금을 꿈 꾸는 아메리카로 이민 가는 상인들 65명을 싣고 가는 메이플라워 (Mayflower)호와 함께 항해하기로 하였다.[14]

싸우샘튼에 도착하여 메이플라워호와 함께 항해하던 스피드웰호 가 얼마 못 가서 물이 새어 항해가 어려워졌다. 그래서 부근의 소 항구 다트머스(Dartmouth)에 입항하여 수리하고 다시 메이플라워 호와 함께 아메리카로 향하였다.[15]

---

13) Ibid., White, 천세운 편, op. cit., pp. 484~485 참조.
14) Walker, op. cit., 류형기 역, p. 488.
15) Ibid.

청교도들을 싣고
아메리카로 항해한
메이플라워 호

　그러나 수리한 배가 다시 고장이 나서 항해가 어려워졌으므로 그
부근 플리머스(Plymouth) 항으로 들어가 청교도 35명은 고장난 스
피드웰 호를 포기하고 181톤급인 범선 메이플라워호에 합승하였
다. 먼저 타고 있던 65명과 합쳐서 100명과, 선장 크리스토퍼 존스
(Christopher Jones) 등 선원 48명을 실은 메이플라워호는 1620년 9
월 16일 시속 2노트로 미지의 대륙 아메리카로 출항하였다.[16]
　그들은 대부분 젊은 사람들이었다. 남자 72명(그 중 성인은 44명),
여자 29명(그 중 부인은 18명, 미혼녀 11명), 합계 101명이었다.[17]
　그들은 영국교회의 박해를 피하여 신앙의 자유를 찾아 모진 풍랑
과 싸우며 서쪽으로, 서쪽으로 신대륙을 찾아 항해했다. 물이 부족
하여 세수도 못하고 불을 피울 수가 없어서 찬 음식을 먹으면서 고

---

16) Ibid., 永茂 著, 「アメリカ・インデイアン 悲史」, 朝日選書 21, 東京, 1933, p.
　32.
17) 박영호, op.. cit., p. 339. 메이플라워호를 타고 간 사람 수는 100명 설, 102명
　설 등이 있다. 그러나 메이플라워 규약에 101명으로 되어 있으므로 그 숫자가 정
　확한 것 같다.

청교도들이 처음으로 도착한
'케이프 코드' 반도
아메리카 대륙의 역사가 탈바꿈한
시발점이다.

생스런 항해를 계속하면서도 그들은 「창세기」 12장과 「히브리서」
11장 8~16절을 읽으며 희망을 잃지 않고 어려움을 견디어 낼 수
있었다. 출항 후 66일 만에, 즉 11월 11일에 그들은 마침내 아메리
카에 도착할 수 있었다.[18]

　도착한 곳은 지금의 보스턴 시 남쪽에 위치한 케이프 코드(Cape
Cod) 반도 북단 끝에 있는 프로빈스타운(Provincetown)이었다.[19]

　상륙이 가까워지면서 청교도들은 상륙 후의 문제 때문에 고민하
였다. 메이플라워호에 먼저 타고 있던 65명은 청교도들과는 너무
나 이질적인 사람들이었기 때문이었다. 그 65명이 상륙 후에 무법
천지로 날뛰면 어떻게 하나 고민할 수밖에 없었다. 청교도들은 사
전에 예기되는 무법천지에서의 무질서한 행동을 규제하기 위하여

---

18) Ibid., p. 339. 도착일에 관해 여러 가지가 있으나 11월 11일이 정확한 것 같다.
　Castleden, R., The Concise Encyclopedia of World History, 1996, p.302.
19) Carrruth, G., The Encyclopedia of World Facts and Dates, 1993, p.
　260.

상륙 전에 배 안에서 하나의 엄격한 규약을 만들어 그들의 동의를 얻어낼 필요가 있었다. 새로운 땅에서의 질서를 유지하기 위한 규약이었다. 이것이 메이플라워 규약(The Mayflower Compact)이다.

하나님의 이름으로 아멘 하라! 하나님의 은총에 따라 우리의 영도자요 군주이며, 대영제국·프랑스·아일랜드의 왕이신 신앙의 옹호자 제임스(James) 폐하의 충성된 국민인 우리는 하나님의 영광과 기독교 신앙의 진흥, 우리의 왕과 조국의 명예를 위하여 버지니아의 북부 지방에서 최초의 식민지를 건설하고자 항해를 시도했다. 여기 본 증서에 의하여 엄숙하게 상호 계약함으로 하나님과 각 개인 앞에서 계약에 의한 정치단체를 만들어 이것으로써 공동의 질서와 안전을 촉진하고 그 위에 상기의 목적을 수행하기 위하여 법령의 제정과 제도조직을 구성한다. 동등한 법률·법령·조례·헌법과 행정부를 때때로 구성한다. 이 모두는 식민지의 일반적인 안전을 위한 간편하고 적합한 생각에서 이루어져야 한다. 우리는 모두 여기에 당연히 복종할 것을 계약한다. 이에 우리의 이름을 서명한다.

1620년 11월 11일 케이프 코드에서
John Cover 일행 8명
William Bradford 일행 2명
William Brewster 일행 6명 등 41명이 서명하고
그 가족과 총 101명[20]

---

20) 박영호, op. cit., p. 340.

위의 계약서에 나타난 신앙고백의 내용을 아래와 같이 간추릴 수 있다.

첫째, 하나님의 영광과 신앙의 진흥

둘째, 제임스 왕과 조국의 명예를 위하여 식민지를 개척하려고 함, 즉 빈손 들고 남의 땅에 와서 원주민들의 땅을 약탈하고 식민지를 건설하려는 속셈이었다(이것은 날강도의 정신과 비교할 수도 있음직하다.).

이 규약으로 101명 전원은 일치 단결하여 행동통일이 가능해졌고 모두 청교도 산하에, 즉 윌리엄 부르스터의 지휘하에 들어가게 되었다.

청교도들은 엄격한 도덕주의자들로서 다음과 같은 삼대 원리를 신봉하고 있었다.

첫째, 신앙생활에 성경적인 형식을 엄수한다.

둘째, 성경적인 건전한 교리를 확립한다.

셋째, 신앙과 생활을 일치시키고 깨끗한 교회생활을 한다.[21]

이와 같은 이상을 가진 그들은 신대륙에 정착하면 그들이 원하는 신조의 교회를 중심으로 죄와 미움이 없고 행복과 사랑과 믿음만이 넘치는 낙천지를 건설하려고 하였다. 그것은 성경의 명백한 법(Plain Law)에 따라 지상에 건설되는 거룩한 나라(Holy Commonwealth), 즉 신성 성서국(神聖 聖書國, Theocratic Bible Commonwealth)을 건설하는 것이었다.[22]

---

21) Lewis, P., *The Genius of Puritanism*, 1975, p. 7.
22) Walker, op. cit., 류형기 역, p. 519.

그러기 위해서는 높은 교육을 받은 성직자가 성경을 바로 읽고 바로 주석하여 그것을 청교도 후예들에게 가르쳐서 영원한 신앙의 자유의 나라를 건설하는 방법밖에는 없었다. 그러므로 사람들은 청교도들을 '성자'라고 불렀다. 또 리랜드 라이큰(Leland Ryken)이 청교도의 신앙을 소개하는 그의 저서 명(著書 名)을 『이 세상의 성자들』(Worldly Saint)이라고 붙인 것을 보면, 그들은 엄격한 도덕과 신앙의 소유자였음을 엿볼 수 있을 것 같다.[23]

그러나 인간이 사는 곳에는 언제나 믿음과는 반대되는 죄와, 사랑에 반대되는 증오와 질투 때문에 대립 분쟁이 생기기 마련이었고 또 불행과 사망도 뒤따랐다. 그들은 이 엄숙한 현실 앞에 어쩔 수 없이 처녀지 한쪽에는 공동묘지를 만들어야 했고, 또 일각에는 감옥도 건설해야 했다. 또 보스턴 시내 한가운데는 형대(刑臺)를 만들어 놓고 죄인들을 준엄하게 공개 처형하여 다시는 범죄자가 생기지 않도록 시민 공개 재판소도 만들 수밖에 없었다(이 시대를 배경으로 나다니엘 호손의 『주홍글씨 *The Scarlet Letter*』가 나왔다.).

주홍글씨
청교도의 식민지 보스턴에서 일어난 목사와 유부녀와의 간통 사건을 다루었다. 진정한 구원은 사회적인 위치와는 무관하며 '사랑과 용서'에 토대한다는 메시지를 역설적으로 담고 있다.

---

23) Ryken, L., *Worldly Saint-The Puritans as They Really Were*, Grand Rapids, Michigan, 1986, 김성웅 역, 「청교도-이 세상의 성자들」, 생명의 말씀사, 1995.

III. 청교도들의 아메리카 정착(定着)

메이플라워호를 타고 항해하여
아메리카 대륙에 도착한 청교도들

오랜 항해 끝에 식량이 부족했던 그들은 케이프 코드(Cape Cod) 반도 북단인 프로빈스타운에 정박하고[24] 굶주림을 채우기 위하여 원주민(Indian) 식량 저장소에 들어가 옥수수를 훔쳐서 연명해야 했다.[25] 청교도들이 신대륙에 도착하여 제일 먼저 한 일은 교회 건설이 아니고 식량 도적질이었다. 신앙의 자유를 찾아 험난한 대서양을 건너온 그들도 굶주림 앞에서는 어쩔 수 없었던 모양이다.

한동안 정착지를 찾고 있던 그들은 12월 21일 프로빈스타운 맞은편에 있는 플리머스(Plymouth)에 상륙하여 해변가에 정착촌을 건설하였다.[26] 그곳은 원주민들이 여름 캠프를 치던 곳이었다. 날마다 식량은 줄어들고 겨울옷이 부족하여 청교도들은 추위에 떨게 되었고, 새해 2월에는 거의 모든 사람들이 병에 걸렸다.

폐결핵과 독감이었다. 폐결핵은 전염병이기 때문에 한 방에서 공동생활을 하던 그들에게 전염은 피할 도리가 없었다. 그 당시 폐결

---

24) Carruth, op. cit., p. 260.
25) 富田虎男 著,「アメリカ · インデイアンの 歴史」(改訂), 雄山閣, 東京, 1982, pp. 50~51 참조.
26) Walker, op. cit., 류형기 역, p. 488.

핵은 불치병이었으므로 달마다 사망자 수는 늘어나서 겨울을 나는 동안에 50명이 죽어 생존자 수는 51명뿐이었다. 성한 사람은 6~7명뿐이었고 건강한 사람은 그들의 지도자 윌리엄 브루스터와, 그들의 군사 지도자요 제2인자였던 스탠디쉬(Standish)뿐이었다.[27]

다행스럽게도 1621년 추수감사절 때에는 영국에서 온 새 이민 35명이 합세하였고, 그 다음해 1622년엔 67명이 와서 청교도의 가족 수는 점증하여 일손이 많아졌다.

이때 플리머스 지방 일대에 이상한 사람들이 상륙한 것을 본 원주민들에게 비상이 걸렸다. 그 지방의 왐파노악 족(Wampanoags)의 추장 마사소잇(Massasoit) 지휘하에 원주민들은 청교도들의 상륙촌을 포위하고 조심스럽게 포위망을 좁혀갔지만 청교도들은 대항할 준비도 않고 온순하게 그대로 있었다. 원주민들은 그들 촌에 들어가 병들고 굶주리고 헐벗고 떠는 그들의 모습을 보고 불쌍히 여겨 식량과 겨울용 침구 등을 주어 연명할 수 있게 해주었다. 그때 청교도들의 참상은 말로 다 표현할 수 없을 정도였다.[28]

그때 유력한 추장이었던 마사소잇은 청교도들을 일거에 전멸시킬 수도 있었으나, 선량하였던 그는 청교도들을 따뜻하게 보살펴 주었다. 애호와 환대를 받은 청교도들은 그와 같은 대우를 오직 하나님의 은총으로만 여겼다.

지루하도록 길고 긴 암담했던 겨울이 지나고 새봄(1621년)이 왔다. 청교도들이 농사를 지으려고 들에 나갔으나 원시림이나 황무

---

27) Cairns, op. cit., 河本代, p. 484; 박영호 저, op. cit., p. 341.
28) 藤永, op. cit., p. 29.

청교도들이 원주민 창고에서 옥수수를 훔쳤던 케이프 코드의 현재 모습

지를 개간할 필요가 없었다. 그들이 도착하기 4년 전(1616년)에 영국 어부들이 가져온 전염병으로 그 지방 인구의 반이 감소되어 원주민들이 일궈놓은 비옥한 농토가 주인 없이 놀고 있었기 때문이었다. 청교도들은 그 땅을 바라보면서 원주민에 대한 감사는 하지 않고 그들 하나님께 병균의 역사를 감사하고, "여호와 이레"를 연발하면서 25에이커 땅에 농사를 짓기 시작하였다.[29]

청교도 중에는 농사를 지어본 이가 없었으므로 원주민이 가르쳐 주었는데, 그때 심은 종자는 케이프 코드(Cape Cod)의 원주민 창고에서 훔쳐온 옥수수였다. 겨울 동안 식량으로 쓰고 남겨 두었던 종자였다. 원주민들은 청교도들에게 옥수수·보리·밀·감자·호박·토마토 등을 재배하는 법과 바다에서 물고기 잡는 법을 가르쳤다.[30]

청교도들에게 농사법을 가르친 원주민은 6년 전 유럽인들에게 노

---

29) 富田, op. cit., pp. 50~51 참조 ; 박영호, op. cit., p. 339. 25에이커는 약 3만 평이다.
30) 富田, Ibid., p. 51.

예로 잡혀서 스페인으로 팔려갔다가 영국을 거쳐 다시 아메리카로 돌아온 사람이었다. 그는 그 지방의 추장 마사소잇의 통역관으로 있으면서 영어로 청교도들에게 농사법을 가르칠 수가 있었다. 노예로 팔려간 동안에 전염병이 유행되었기 때문에 그는 전염병을 피할 수 있었다.[31]

추장 마사소잇은 60명의 부하를 거느리고 와서 청교도들과 상호 불가침 평화조약을 체결하고 청교도들을 겨울 위기에서 가을 추수기까지 보살펴 주었다. 그러므로 지금도 플리머스 해변가에는 마사소잇의 동상이 세워져 그의 고마움을 기리고 있다.[32]

여름이 지나고 가을이 왔다. 풍년이 들어 청교도들은 잠깐 숨을 돌릴 수 있게 되었다.

그들이 기쁨에 넘쳐 감사제를 드릴 때, 추장 마사소잇은 부하 90명을 거느리고 사슴 5마리와 야생 칠면조 다수와 토산물과 옥수수 튀김 등을 가지고 와서 축하해 주었다. 그때가 11월 마지막 목요일이었다. 축제는 여러 날 계속되었다.[33]

청교도들의 기쁨과 감격은 충천하였다.

지난 일 년 동안 어려웠던 고난과 역경 속에서 헐벗고 굶주리고 생사를 헤매던 그들에게 살 길이 열렸기 때문이었다. 그것은 실로 인내와 승리의 기쁨이었다. 이제 그들은 초기의 목적이었던 신앙의 자유를 누릴 수 있었고, 또 신천지에서 살아갈 자신도 생겼다.

---

31) Ibid.
32) Ibid.
33) Ibid.; 박영호, op. cit., p. 340.

그들의 앞날은 밝은 희망으로 충만하였다.

그런데 뜻하지 않았던 문제가 발생하였다. 청교도들은 왐파노악 족과 평화조약을 체결하고 친밀하게 지냈으나, 그 지방 일대에 산재한 타 부족들은 서구인들을 탐탁치 않게 여겨 적개심을 품고 있었다. 당시(1622년) 보스턴 남쪽으로 이민 온 서구인들이 원주민들의 식량을 훔친 데 격분한 그들은 마사소잇 추장을 친백파(親白派)로 낙인 찍고 그를 경계하였기 때문에 마사소잇 추장은 고립 상태에 빠지게 되었다.[34]

1622년 타 부족들이 연합군을 조직하고 마사소잇 추장을 공격할 준비를 하고 있을 때였다. 이 소식을 들은 청교도들은 마사소잇 추장과 부족의 단독의 힘으로는 그 연합군을 방어할 능력이 없음을 알게 되어 청교도들의 안보를 염려하게 되었다.

청교도들은 마사소잇 추장과 협력하여 싸울 계획에 들어갔다. 이 일은 청교도의 제2인자였던 스탠디쉬가 전담하기로 하여 그가 작전을 짜서 실천하기로 하였다. 먼저 그는 청교도 청년 8명을 무장시키고 요소에 잠복시켰다. 그리고 평화교섭을 하자는 명목으로 연합군 부족의 네 명의 추장들을 특별 만찬에 초대하였다. 마음을 연 네 추장들이 만찬에 왔을 때, 잠복했던 청교도 청년들이 그들을 일시에 암살해 버렸다. 그리고 그들의 목을 긴 장대 끝에 달아매서 20년 동안이나 플리머스 청교도 마을 앞에 매달아 두었다.[35]

졸지에 추장을 잃어버린 부족들은 맥없이 물러갈 수밖에 없었다.

---

34) 富田, Ibid., p. 52.

35) Ibid.

이미 4년 전에 전염병으로 인구가 반으로 감소된 그들은 추장을 잃은 후에 싸울 의욕도 잃고 반격할 여력도 없이 "저 청교도놈들은 살인마, 목 자르는 악마!"라고 외치면서 물러갔다.[36] 청교도들은 무서워서 피난 가는 원주민들의 토지와 가옥을 차지하였다.

이와 같이 청교도들이 신대륙에서 성공적으로 대륙을 개척하고 있다는 소식을 들은 영국의 청교도들은 영국교회의 박해를 피하여 줄줄이 신대륙으로 이민 길에 올랐다. 이렇게 모여든 청교도들의 숫자가 급증하여 플리머스 해안 지대의 땅만으로는 부족하게 되어 내륙으로 농토를 넓히는 수밖에 없었다. 전에 연합군 추장들을 암살하여 영토를 확장한 청교도들은 이제는 늘어난 인구에 자신감을 가지고 내륙으로 침입하여 영토를 확장하기 시작하였다.[37]

IV. 유럽인들의 아메리카 이민 약사

유럽의 기독교인들에 의한 중남미의 침략은 콜럼버스를 따라 온 스페인 사람들이 먼저 시작하였으며, 그 뒤를 이어 포르투갈·프랑스·네덜란드·영국 등의 유럽 사람들이 앞다투어 식민지 개척이라는 명분을 내세우고 미대륙을 침략해 왔다.

영국인들은 1607년에 크리스토퍼 뉴포트(Christopher Newport)[38]

---

36) Ibid.
37) Ibid., p. 53.
38) Castleden, op. cit., 1996, pp. 295~302 참조.

가 먼저 버지니아에 상륙하여 제임스타운(Jamestown) 식민지 설립을 선언한 후, 초대 지휘자로 존 스미스 대위(Captain John Smith)[39]를 임명하였다. 영국의 초기 식민지 개척자들을 스미스 대위에게 맡긴 크리스토퍼 뉴포트는 후속 식민지 개척자들(주로 군인, 농부, 목수, 성직자들)을 모집하고 물자를 보급하기 위하여 영국으로 돌아갔다.

제임스 타운에 온 사람들의 이민생활은 의식주 문제 때문에 말로 다할 수 없이 고생스러웠다. 1607년부터 3년 동안에 그 지역에 이민 온 영국인의 수는 900명이었으나 3년 후 1610년에는 겨우 150명만 생존한 것을 보면 그들의 고생을 가히 짐작할 수 있다.[40]

19세기 초에
활동한 인디언
부족 분포도

---

39) 그들은 청교도들이 1620년 11월 11일 케이프 코드(Cape Cod) 반도의 북단 끝에 있는 프로빈스타운(Provincetown)에 도착하기 13년 전에 도착하였다. 제임스타운과 존 스미스에 관한 좀더 자세한 기록은 본장 V. 포카혼타스 공주 이야기를 참조할 것.

40) 藤永, op. cit., p. 33.

의식주가 부족했던 그들은 원주민들을 찾아가 사기·강탈·공갈·협박 등으로 필요한 물품을 약탈하였다. 그때 원주민들은 그들에게 "당신들이 필요한 것은 우리가 다 사랑으로 줄 수 있는데 왜 당신들은 폭력과 협박으로 빼앗으려 하는가?"라고 반문하였다.[41]

제임스 타운의 지휘관이었던 존 스미스는 그때 광경을 다음과 같이 기록하고 있다.

> "식량은 떨어지고 굶주림에 지쳐 있을 때 원주민들이 그 기미를 알아채고 습격해 올 것을 기대하고 있었는데, 그들이 식량을 가지고 와 우리를 구해준 것은 실로 하나님의 은총이었다."[42]

이민사를 요약하면 신대륙에 제일 먼저 온 영국인들은 1607년 제임스 타운(Jamestown)[43]에 도착하였으며, 제2진은 1620년 프로빈스타운(Provincetown)[44]을 거쳐서 플리머스(Plymouth)에 정착한 청교도들이었고, 제3진은 1628년[45] 매사추세츠주의 세일럼(Salem)에 도착한 50명의 영국인들이었다. 제4진은 1625년에 온 네덜란드인들이었다. 그들은 1623년에 맨해튼(Manhattan) 섬을[46] 원주민에게

---

41) Ibid.

42) Ibid.

43) Castleden, op. cit., pp. 295~326; Carruth, op. cit., p. 151, 260; Foner, E. and Garraty, J. A., editors, *The Reader's Companion to American History*, 1991, pp. 160~161, p. 355, 845 참조.

44) Ibid.

45) Ibid.

46) Ibid.

24불 상당의 물품을 주고 사서 뉴 암스테르담(Nieuw Amsterdam) 이라고 이름 붙였는데, 1664년 찰스 2세의 명령으로 영국 군인들이 그 섬을 빼앗아 왕 찰스 2세의 동생 이름인 욕(York)을 따서 뉴욕 (New York)이라고 개명하였다.[47] 제5진은 1634년 천주교인 볼티모어(Baltimore)를 단장으로 하여 메릴랜드(Maryland) 주에 온 영국의 식민지 개척자들이었다. 이것이 미대륙에 이민 온 유럽인들의 초기 이민 약사이다.[48]

V. 포카혼타스 공주(Princess Pocahontas) 이야기

1. 포카혼타스 공주

유럽인들의 미대륙 침략사(侵略史)에 있어서 빼놓을 수 없는 가련한 비화가 있다. 그 이야기의 주인공은 본명이 마토아카(Matoaka)로 원주민 왕(추장) 포우하탄(Powhatan : 1550?~1618)의 아름다운 딸이었는데, 포카혼타스 공주(Princess Pocahontas : 1596~1617)로 널리 알려진 전설적인 여인이다.[49]

일확천금을 꿈꾸면서 미지의 나라를 식민지화 하려는 침략 목적

---

47) Ibid.
48) Ibid.
49) 유럽 사람들은 자기들은 국토의 면적이나 인구에 관계없이 옛부터 수만 명밖에 안 되는 나라의 우두머리도 전부 왕(王)·황제(皇帝)로 불렀으나, 광대한 나라에서 수백만 혹은 수천만의 인구를 통치하면서 잘 살고 있었던 원주민들의 왕들을 전부 추장(Chief)이라고 불렀다. 현재도 그들이 쓴 역사책에는 'Chief'로 기록되어 있다. 본 저자는 이 책에서 원주민 추장을 왕이라고 칭하였다.

원주민의 왕 포우하탄
식민지 개척자들에 의해 왕국과 가족을
해체 당한 그의 이야기는 한 개인의 사례가
아니라 모든 인디언 부족이 당한 '고통과 비애'의
상징이다.

으로 신대륙에 상륙한 유럽의 기독교인들은 그럴듯한 이유와 변명
으로 자기들의 침략을 미화해 왔다. 그들은 명백한 침략을 침략이
라고 하지 않고 개척이나 개화라는 미명하에 죄 없는 원주민들을
무차별 학살하고 침략과 착취를 강행하면서 개척정신을 외치고 자
기들의 승리를 자화자찬하여 왔다.

그들은 자기들의 이주는 개척정신의 발로이며, 미개인에게 개화
의 기회를 주고 하나님의 사랑을 전파하기 위한 것이라고 주장하기
도 했다. 포카혼타스 공주의 이야기는 그러한 영국 사람들이 처음
으로 미대륙에 도착하여 침략을 시도하는 과정에서 선의의 어린 소
녀가 영국 사람들의 희생양이 된 이야기이다.

먼저 식민지 개척자들이 그녀를 어떻게 이용하였는가, 그리고 그
불운한 소녀가 어떻게 영국 식민지 개척자들에게 이용당하다가 결
국 식민지 개척자 중의 한 사람과 결혼하게 되었으며, 그후 영국에
까지 가서 객사하였는가를 살펴보았다.

2. 북미 대륙에서의 영국의 첫 식민지 개척 시도

이미 지적한 바와 같이 북아메리카에서는 1620년 11월 11일 청교도들이 케이프 코드(Cape Cod)에 도착하기 13년 전인, 1607년 5월 14일에 영국의 런던회사에 소속한 크리스토퍼 뉴포트(Christopher Newport)가 105명의 식민지 개척자들을 싣고 현 버지니아(Virginia) 주의 해안에 도착하였다. 그는 그 지역을 제임스타운으로 명명하고 존 스미스 대위(Captain John Smith)에게 새로운 영국의 식민지를 개척하도록 맡기고 다음달, 즉 6월 22일에 영국으로 돌아갔다. 이것이 미대륙에서 시작한 영국 식민지 개척사의 첫 페이지이다.[50]

1607년 추운 12월, 존 스미스는 기아 상태에 빠져 있는 대원들을 살리려고 원주민들의 마을에 침입하여 옥수수를 강탈했고, 또 그후에도 그들은 원주민들을 총으로 협박하여 식량을 빼앗았다.[51]

외래인들에 의한 강탈과 협박이 자행되고 있다는 소식을 들은 포

원주민의 마을에 침입해
옥수수를 강탈하고
총으로 협박하여 식량을
빼앗는 침략자

---

50) 역사학자들은 이민 온 영국인들이 미대륙에서 처음으로 개척한 식민지를 제임스 왕의 이름을 붙여서 제임스타운이라고 부른 것은, 당시의 영국 왕 제임스 1세(King James I)에 대한 충성심을 표시하기 위한 것이었다고 해석하였다. 이 제임스타운에 온 식민지 개척자들은, 메이플라워 호를 타고 종교의 자유를 찾아서 영국을 탈출해 온 청교도들과는 다르다.

51) Axelrod, A., *Chronicle of the Indian Wars*, 1993, pp. 10~13; Josephy, Jr., A. M., 500 Nations, 1994, pp. 198~200 참조.

포카혼타스 공주
12살때 존 스미스의 생명을 구해 준
그녀는 멀지 않은 미래에 자신이
영국으로 끌려가 객사하리라는 사실을
상상이나 했을까?

우하탄 왕은 스미스를 체포하라는 명령을 내렸다. 주변 강변을 탐색하던 스미스는 체포되어 처형을 당하게 되었다.[52]

그때 수상한 이국인(異國人)이 체포되어 처형된다는 말을 듣고 처형장으로 나가 자기의 아버지인 왕에게 애원하여 존 스미스의 생명을 구해 준 인정 많은 소녀가 바로 12살 된 포카혼타스 공주였다.

포우하탄 왕은 어린 딸의 간곡한 간청을 거절하지 못하고 스미스를 살려주었다. 더구나 그는 굶주린 흔적이 보이는 스미스를 수일 동안 잘 먹여서 후대한 후 곡물까지 주어서 보냈다. 그후 계속하여 인정 많은 포카혼타스 공주의 노력으로 침략자들은 살아남을 수 있었다. 노련한 스미스가 어린 포카혼타스 공주를 이용한 것이다.[53]

---

52) Ibid.; Axelrod, op. cit., p. 12. 여러 가지 이설(異說)이 많은 이 이야기를 어느 정도 객관성을 유지하면서 전하기 위하여 여기서 지적해 둘 것은 포우하탄 왕이 잡혀온 스미스를 즉시 죽이려고 한 것이 아니고 너무 못 먹고 초라한 그를 보고 불쌍히 여겨 후대하였으며 식량까지 주어서 돌려보냈다고만 기록된 책도 있다는 사실이다; Josephy, Jr., op. cit. 단 스미스가 후일 사실은 포카혼타스 공주가 자기를 구출해 주었다고 주장한 것이 근거가 되어 전설은 시작된 것 같다.
53) Ibid.

만일 침략자들이 도착한 초기에 그 침략자들의 궁극적인 의도를 원주민들이 알았더라면 그들을 전멸시켜 버렸을 것이다. 그러한 사실을 안 스페인은 당시 미국 동부에서 최초로 형성된 가장 강력한 연방을 거느리고 있었던 포우하탄 왕에게 특사를 보내 얼마 되지 않은 영국의 식민지 개척자들을 없애버리라고 권고하였다. 그러나 결국 침략자들의 숨은 의도를 잘 모르고 주저하던 선량한 원주민들은 스페인의 말을 듣지 않고 포카혼타스 공주의 말을 들어준 것이 얼마나 잘못이었는가를 후일 깨닫게 된다.[54]

새로운 물자 보급과 증원으로 용기를 얻은 침략자들은 자기들의 꿈을 살리기 위하여 불에 탄 보루(요새)도 재건하고 식민지를 점점 확장시켜 나갔으나, 겨울이 되면 역시 식량 부족으로 굶주림을 면할 수가 없었다. 그때마다 포카혼타스 공주가 식량을 제공하여 연명할 수 있었다.

침략자들에게 위협을 느끼기 시작한 원주민들이 다시 이주자들을 공격하려고 준비하고 있었다. 그때 자기 아버지의 진영에서 침략자들을 공격할 준비를 하고 있다는 전략적인 정보까지 스미스에게 전해 주면서 피신하도록 경고하고 식민 개척자들을 도와 준 포카혼타스 공주의 덕택으로 이주자들은 난을 면할 수가 있었으며, 원주민 전사들이 대기하고 있던 지역을 피할 수도 있었다.

침략자들은 이러한 공주의 호의와 도움을 하나님의 은총으로 알고 감사하였다. 또한 포우하탄 왕이 제공한 식량을 우월한 서구인

---

54) Castleden, op. cit., pp. 295~302; Hall, J. W., *General Editor, History of the World, The Renaissance to World War I*, 1988, pp. 142~144 참조.

들에게 야만인들이 바치는 조공으로 생각하였다. 오만한 침략자들은 교활한 식민지 확대 작전을 끊임없이 계속하였다. 스미스와 포카혼타스의 특별한 관계에도 불구하고 그의 독선적인 성격 때문에 분쟁이 생겼다.[55]

그후 영국에서 온 토마스 데일(Sir Thomas Dale)의 지휘하에 새로 보급된 총칼로 무장한 제임스타운의 특공대원들은 그들의 본성을 드러내어 대담하게 원주민들을 기습 공격하는 야비한 침략전쟁을 전개하였다.[56]

그러나 침략자들이 원주민들보다 우수한 무기를 들고 야간 기습 작전까지 펴도 그들 편에서 희생자가 나올 뿐 원주민 사수대원들을 상대로 간단히 승리할 수 없었다. 침략자들은 원주민의 왕을 굴복시키고 잡혀간 영국인 포로를 구출하고 영토확장을 위해 더욱 비겁한 방법을 택했다.

1613년 영국에서 온 식민지 개척자들은 18세의 아름다운 처녀로 성장한 포카혼타스 공주를 감언이설로 유인(誘引)하여 납치한 후, 그녀의 아버지인 포우하탄 왕에게 영국인 포로 전원과 딸 포카혼타스 공주를 교환하자고 제의하였다.[57]

---

55) Nies, J., *Native American History*, 1996, p. 115.
56) 원주민들은 폭발물이나 총을 만들지 못하였기 때문에 침략자들이 사용한 폭발물이나 총 앞에 무력하였다. 총칼을 들고 기습해 오는 침략자들을 상대로 화살이나 도끼를 들고 싸워서 승리할 수 없었던 원주민들은 적의 총을 빼앗거나 육탄전으로 자기들의 조국을 지켰다.
57) Nies, op. cit., pp. 114~121 ; Josephy, Jr., op. cit., p. 202. 포카혼타스 공주는 상처한 롤프와 결혼하기 전에 이미 결혼한 기혼녀였는데, 감금 중에 사랑에 빠져 스스로 남편을 버리고 롤프와 결혼했다는 설도 있다 ; Ibid.

포우하탄 왕은 영국인들의 말을 믿고 포로들을 모두 풀어주었다. 영국인들은 약속을 지키지 않았다. 포우하탄 왕은 포로들을 풀어 주고 난 후에야 비로소 영국인들에게 속은 것을 알았으나 납치당한 딸의 생명 때문에 어쩔 수가 없었다. [58]

침략자들은 공주를 납치한 후 영어를 가르치고 기독교인으로 개종시켰다. 감금 중 그녀에게 세례를 받게 하여 레베카(Rebecca)라는 이름을 지어 주고, 영국의 식민지 확장을 위하여 공주를 이용하였다. [59]

침략자들은 아직도 존 스미스를 생각하고 있던 포카혼타스 공주에게 그가 죽었다는 거짓말을 하고, 상처(喪妻)한 존 롤프(John Rolfe)와 결혼시킨다. 그때 그녀의 나이 19세(1614년)였다. 포우하탄 왕은 딸의 결혼식에 참석하지 않았다. [60]

공주는 1년 가까이 작은 배 안에 있는 단칸방에 감금된 상태에서 겨우 연명하였다. 감옥 같은 환경에서 생명의 위협까지 받은 그녀가 어떻게 결혼 경험까지 있는 롤프의 여자가 되었을까?

인종 차별을 하던 영국 사람들이 그녀를 이용하기 위해 그녀와 롤프를 결혼시킨 것은 자기들이 남긴 기록이 증명하고 있다. 롤프가 "우리의 이익을 위하여, 우리 나라의 명예를 위하여, 신의 영광을 위하여, 나 자신의 구제를 위하여, 이교도인 포카혼타스를 하나님과 그리스도에게 개종시키기 위하여" 결혼했다고 말한 것을 보면

---

58) Foner, and Garraty, op. cit., 1991, p. 845.

59) Ibid.

60) Ibid.

영국의 식민지 확장을 위해 포카혼타스에게 세례를 주는 침략자들

그의 속셈을 짐작할 수 있다.[61]

그들은 자기들의 목적을 달성하기 위하여 공주와 친했던 스미스가 멀쩡하게 살아있는데도 불구하고 그가 이미 죽었다고 공주를 속였으며, 리더격인 롤프는 자신과 침략자들의 신변안전과 이익을 위하여 비겁하게 정략결혼을 하고 19세의 젊은 공주의 육체를 유린하였다.

공주와 그녀의 아버지 덕택으로 침략자들은 상당한 땅을 확보하여 식생활을 해결하려고 농경을 시작하였으며, 영국으로 수출하여 돈을 벌기 위하여 담배(tobacco) 등을 재배하였다.[62]

포카혼타스 공주를 인질로 잡고 아버지를 협박하여 휴전을 확보한 영국인들은 그녀를 평화적인 침략도구로 이용할 목적으로 또 다

---

61) 富田, op. cit., p. 47.조.
62) Foner and Garraty, op. cit., p. 845.

른 계획을 세운다. 즉 런던의 버지니아 회사(The Virginia Company of London)는 영국인들과 원주민들이 서로 결혼하여 행복하게 잘 살 수 있다는 증거로 포카혼타스 공주를 영국으로 데려가기로 결정했다.

그들은 신대륙에서 식민지를 개척하는 데 원주민들이 도움이 된다고 선전하고, 1616년에는 존 롤프 부부와 한 살 된 어린 아들 토마스(Thomas, 1615년에 탄생)와 10여 명의 원주민들까지 영국으로 데리고 갔다.

영국의 왕 제임스에게 먼저 그들을 보인 다음 여기저기 끌고 다니면서 전시용(展示用)으로 이용하여 많은 투자가와 이주자들을 공모하였다.

한 살 된 어린 아들 토마스를 돌보면서 낯선 이국 땅에서 여기저기 전시용으로 끌려다니는 강행군을 마치고 귀국하려던 공주는 원주민에게는 면역성이 없는 유럽인들의 병에 걸려 쓰러졌다.

그때 영국으로 돌아와 있던 존 스미스가 그녀의 소식을 듣고 병실로 찾아왔다. 존 스미스는, 당시 12살이었던 포카혼타스 공주가 생명을 구해준 이방인이었는데, 그녀에게 처음으로 '사랑'이라는 단어를 가르쳐 준 사람이었다. 이미 죽은 줄로만 알았던 존 스미스가 자신의 병실에 나타났을 때의 공주의 마음을 그 누가 상상할 수 있으랴?

포카혼타스는 이미 결혼하여 아들까지 있는 몸이었다.

자기의 생명을 구해 준 은인이 불치의 병에 걸려서 누워 있다는 소식을 듣고 찾아온 스미스는 무슨 말을 하였을까? 또 공주가 스미스에게 제임스타운 사람들이 그가 영국에서 이미 죽었다고 하여 죽은 줄 알고 롤프와 결혼하게 되었다고 하였을 때, 스미스는 무슨 생각을 하였을까? 제임스타운에서 만났던 두 남녀 사이의 로맨틱한 사랑 이면에는 '원주민'과 '침략자' 사이에 얽힌 '불평등과 야만의 역사'가 깔려 있다.

병의 경과가 좋아지지 않을 것을 알고 포카혼타스 공주는 죽어도 자기의 고향에 가서 죽겠다고 고국으로 돌아오는 배에 올랐으나, 결국 1617년 3월에 남편 존과 아들 토마스를 남기고 객사하고 만다. 그때 그녀의 나이 겨우 22세의 꽃다운 청춘이었다.[63]

누구보다도 사랑하던 딸을 침략자들에게 빼앗긴 것을 슬퍼하던 그녀의 아버지 포우하탄 왕도 그의 귀여운 딸이 손자와 마을 사람들까지 데리고 외국으로 끌려가서 적에게 실컷 이용당한 후에 객사하게 된 것을 비통해 하다가 다음 해에 세상을 떠났다.[64]

포우하탄 왕이 죽은 후, 한때 스미스에게 권총으로 협박을 받은 경험이 있는 그의 이복동생 오패찬카노프가 왕위를 계승하고 영국 식민지 개척자들에 대한 반격을 준비하고 있었다. 그런데 1622년에는 제임스타운에 1,000명 이상의 영국인들이 왔으며 그들의 농장도 50개 가까이 확장되었다.[65]

1622년 3월, 영국인들이 오패찬카노프 왕의 보좌관을 죽인 2주

---

63) 그녀는 영국의 Gravesend에 묻혀졌다. 자의거나 혹은 타의거나 여하간 그녀는 그 착한 마음과 아름다운 몸을 영국의 침략사에 바친 것이다. Grant, B., *Concise Encyclopedia of the American Indian*, 1958, p. 249; Nies, op. cit., p. 120.
64) Forner, and Garraty, op. cit., p. 845.
65) Josephy, Jr., op. cit., pp. 196~206 참조.

후에 오패찬카노프 왕이 직접 지휘하는 포우하탄 연방군이 침략자들을 기습 공격하여 347명을 죽이는 승리를 거두었다.[66]

그 소식을 들은 영국 런던회사는 즉시 원주민 전멸작전을 명령했다. 침략자들은 포우하탄 세력을 영원히 제거해 버리기 위하여 포우하탄 연방군의 총지휘자이며 전략가인 오패찬카노프 왕의 목에 막대한 현상금까지 걸었다. 전투가 계속되는데도 그는 잡히지 않았다.[67]

영국인들은 오패찬카노프 왕이 잡히지 않고 전투는 점점 가열해지는 것을 해결하기 위하여, 수백 명의 원주민 지도자들과 전투 지휘자들을 평화협상에 초대하여 만찬을 베풀면서 원만하게 회담을 진행시켰다. 평화회담이 끝날 때 영국인들은 '영원한 우정'을 외치면서 건배하였다.[68]

원주민 지도자들이 그 자리에서 쓰러져 죽고, 쓰러지지 않은 남은 일부는 대기하고 있던 특공대원들의 손에 무참하게 살해당하고 말았다. 정직하고 순진한 원주민들이 영국인들의 독살 계략에 빠져 의심하지 않고 독주를 마신 것이다.

오패찬카노프 왕이 다음 해에 800명의 용사를 지휘하고 또 다시 영국인들과 전투한 것을 보면, 회의에 참석하였다고 가정하더라도 영국인들의 함정에 빠지지 않고 살아남았던 것이 확실하다.

영국인의 계략에 속아서 많은 유능한 지도자를 잃은 포우하탄 연방이 그후 점점 세력이 약화되는 반면, 영국 개척자들의 세력은 새

---

66) Ibid.
67) Ibid.
68) Ibid.

로운 무기 공급과 인력 증가로 나날이 강력해졌다. 막강해진 영국인들에게 밀려 자기들의 국토의 변두리까지 후퇴한 포우하탄 연방 사람들은 1632년에 어쩔 수 없이 불공평한 휴전협정에 합의한다.

그런데 그 휴전협정마저 치명적인 결과를 초래했다. 영국인들이 휴전기간 동안 본토에서 더 많은 원군과 무기 공급을 받아서 결정적인 승리를 쟁취할 계획을 세우고 있었기 때문이다.

휴전 후 12년이 지난 1644년에 더 이상 후퇴할 수 없게 된 포우하탄 연방은 최후의 결사적인 기습반격을 시도하여 500명의 영국인들을 살해하였으나, 이미 수적으로 우세해진 그들을 상대로 승리할 수는 없었다.

마지막 전투에서 생포된 오패찬카노프 왕은 걸을 수도 없고 눈도 뜰 수 없을 정도였으나, 영국인들은 포박당한 그를 전시한 후 뒤에서 총살하였다. 포우하탄 연방은 조국의 국토를 사수하려고 막강한 외적을 상대로 싸웠으나 결국 패배하였다. 총칼 앞에 모든 것을 강탈당하고 나라를 잃은 그들의 역사는 피와 눈물로 막을 내리게 되었다. 2대에 걸친 포우하탄 왕들의 용맹에도 불구하고 욕망에 눈이 멀어 악착같이 침략하려는 기독교 세력 앞에 왕과 공주의 생명까지 바친 비화는 이렇게 끝이 났다.

그들이 죽은 후에 침략자들은 존 롤프가 소개한 담배 재배로 돈을 벌었으며, 계속 원주민들의 땅을 점령해 나가는 끝없는 욕심과 상혼(商魂)으로 휴전조약은 지켜지지 않았다. 이미 지적한 바와 같이 1622년까지는 포우하탄 연방이 제임스 타운에 정착한 침략자들을 전멸시킬 수 있었으나, 시간이 지나자 반대로 원주민들이 침략자들의 손에 거의 전멸하거나 타지방으로 추방당하고 조국의 땅을 다

빼앗기게 되었다.[69]

　비통한 원주민의 역사는 여기서 그치지 않았다. 얼마 후에 제임스타운 근처뿐만 아니라 전 북중남미 대륙은 개척이라는 미명하에 침공해 온 유럽의 침략자들에 의하여 무참하게 점령당하고 만다.
　이것은 침략자들의 숨은 의도를 모르는 선의의 어린 소녀가 교활한 침략자들의 희생양이 된 이야기이다. 이 비화의 이면을 세심하게 들여다보자.
　첫째, 교활한 강자들의 침략 때문에 일어났다.
　둘째, 착한 약자들의 멸망이 강자들의 부귀영화를 보장하는 기초가 되었다.
　셋째, 그 과정에서 두 살 된 아들을 두고 객지에서 죽어간 22살의 젊고 아름다운 공주의 사랑과 비애가 교차하는 사연이 있었다.
　넷째, 선의와 악의의 대결에서 악의가 승리한 또 하나의 표본이 되었다.
　무자비한 침략 정신과 그 침략자들의 두뇌가 만들어 낸 무기와 그 교활한 두뇌가 짜낸 조직적이고 과학적인 전략 전술에, 원주민들의 단순한 애국애족심과 용기가 패한 것이다. 조직력과 무력을 결여한 사람들의 단순한 애국애족심이나 애향심(愛鄕心)은 강력한 조직력과 우수한 무기로 잘 조직된 살인강도 집단에게는 언제나 약육강식의 대상이 된다는 증거이기도 하다.

---

69) Foner, and Garraty, op. cit., pp. 553, 845 참조; Garraty, J. A., *1001 Things Everyone Should Know About American History*, 1989, p. 92.

다섯째, 선진문화문명이 후진문화나 문명을 마음대로 말살하고 피에 얼룩진 승리를 자화자찬하는 또 하나의 예가 되었다.

여섯째, 하나님의 이름으로 이 모든 것이 다 정당화되고 축복 받았다고 믿었다.

원주민들 조상의 무덤이나 성지까지 모두 없애고 전국 각지에는 청교도들의 교회가 건립되어 종소리가 울려 퍼졌다. 이 종소리는 기독교의 승리를 뜻하는가?

그러한 기독교인들에 의하여 원주민들이나 흑인들은 하나님을 믿을 수 있는 영혼조차도 없는 야만인이라고 차별 받고 학대받던 시대가 오래 전이 아니었다는 것을 인류는, 특히 선량한 기독교인들은 잊어서는 안 될 것이다. 차별 없는 인류사회 건설은 누가, 언제 완성할 것인가? 인간이 인간을 차별하지 않고 다같이 행복하게 살 수 있는 지상낙원 건설이라는 올림픽을 시작하고 주최할 나라의 출현을 기대할 수는 없을까? 비록 이것이 우리의 꿈에 불과하다고 하여도 인류역사에 또다시 제2, 제3의 포카혼타스 공주 같은 삶의 비애가 있어서는 안 될 것이다.[70]

3. 침략자들의 목적과 계략 및 결과

한쪽은 사람을 죽이는 한이 있더라도 남의 나라를 침략하여 자기

---

70) 아이러니하게도 침략주의자들이 주장하기 시작한 주권국가의 자주독립과 민주주의 및 인간의 자유와 평등이 인류사회에서 가장 중요한 이념으로 인정받게 된 현재의 세계에서도 그럴듯한 여러 가지 미명하에 강대국가들에 의한 지배-피지배 관계가 유지되고 있으며, 또 새로운 종속관계가 우호조약이나 우방국이라는 이름으로 형성되어 가고 있다.

의 것으로 만들겠다는 악의와 야욕에 찬 적극적인 침략자들이었으며, 또 한쪽은 침략세력에 대항하여 그들의 고향과 조국을 사수하겠다는 수동적이며 소극적인 원주민들이었다. 이러한 두 집단 사이에서 전개된 치열한 공방전은 기독교인들이 주장하는 사랑이나 하나님의 뜻이 아니라 무기와 계략에 의하여 결정되었으며 돌이킬 수 없는 참담한 결과를 가져왔다.[71]

원주민들은 조직이나 군사훈련이나 무기 면에서 비교할 수 없을 정도로 뒤떨어져 있었다. 또 벌떼처럼 몰려오는 유럽의 침략자들에 비하여 원주민들은 인적·물적 자원 면에서도 비교가 안 되는 불리한 입장에서 대항해야만 했다.

군사적인 우위를 아는 침략자들은 기회 있을 때마다 무차별 공격

인디언과 백인 침략자의 싸움
조직, 군사훈련, 무기에서 열등한
원주민들은 전멸되거나
추방당할 수밖에 없었다.
찬란한 문화를 자랑하는 유럽이
원주민에게 적용한 것은
'약육강식의 법칙' 이었다.

---

71) 적어도 경제적인 예속관계가 자유경쟁과 시장경제라는 구호 아래 강력하게 형성되어 가고 있는 명백한 사실을 약소 민족국가들은 뼈아프게 느끼고 포카혼타스나 그녀의 민족과 같이 간단하게 속아 넘어가지 말고 그에 대한 대책을 세워야 할 것이다.

을 가하면서 약자들을 전멸하거나 추방하고 그들에게 속한 모든 것을 빼앗으려고 하였다. 처음에는 식민지 건설을 위하여 침략전쟁을 시작하였으나 후에는 부강한 나라를 건설하기 위하여 필요할 때마다 전쟁을 일으켰다.

그 피비린내 나는 비정한 침략과정에서 일어난, 한 소녀의 선의를 악용한 침략자들의 악의에 찬 계략에 빠진 포카혼타스 공주의 비운의 일생은 시사하는 바가 크다.

누가 생각해도 그녀의 입장에서 보면 어디까지나 선의로 시작된 일이었다. 비록 자기의 나라를 침범한 이국인이었으나 사람이 죽는 것을 보고 싶지 않았던 어린 소녀가 자기 아버지에게 간청하여 침략자의 총독을 구명해 주었다. 그 선행이 악연이 되어 후일 자기 가족과 자기 국민들에게 어떠한 결과를 가져올 것인가를 그녀나 원주민들이 상상이나 했겠는가?

포카혼타스 공주가 영국의 청교도들을 위하여 선의를 베푼 것은 물론 자기의 사랑과 몸과 생명까지 바쳐가면서 최선을 다하였으나 결과는 어떻게 나타났는가? 상대방의 악의와 힘을 모르고 선의로써 그들을 대했던 포카혼타스와 그들 부족의 잘못으로 원주민들의 운명은 결코 돌이킬 수 없는 죽음의 길로 접어들게 되었다.

형식이야 다르겠지만 현대사회에서 그러한 역사가 되풀이된다는 역사의 준엄한 교훈을 약소국가들은 알아야 한다. 그러한 의미에서 포카혼타스 공주의 짧은 생애가 남긴 교훈은 결코 낭만적이 전설이 아니다.

어린 소녀의 순수한 인정과 선의로 시작된 악연이 자기 일신의 희생으로만 끝나지 않고 본의 아니게 자기 나라와 민족을 멸망시키는 결과로 이어졌다. 포카혼타스 공주의 이야기는 오늘날에도 약소민족국가들이 강대국의 경제적·문화적 침략에 방심하면 원주민들과 똑같은 운명에 처하게 된다는 경고를 담고 있다.

4. 결론

끝으로 포카혼타스 공주가 영국에 가서 이용당한 일을 중심으로 침략주의가 남긴 역사를 조명해 보자. 당시 제임스타운 침략의 선봉자 역할을 했던 영국 회사 사람들은 다음과 같은 목적을 달성하기 위하여 포카혼타스 일행을 영국으로 데리고 갔다.

(1) 자기들이 미개인 혹은 야만인(savage)이라고 부르고 때로는 짐승(beast)과 같은 하등동물로 취급하던 원주민들도 개척자들의 노력에 따라 문명인으로 개화시킬 수 있으며, 영어를 가르치고 교육을 시키면 포카혼타스 공주와 같은 문화인이 될 수 있다는 것을 보여주기 위하여

(2) 미개인들에 복음을 전달해 기독교인으로 개종시킬 수 있다는 것을 보여주기 위하여

(3) 개척자들도 롤프와 같이 원주민 공주와 결혼해 아이를 낳고 잘 살 수 있다는 것을 보여주기 위하여

(4) 식민지 개척에 동참하는 것은 제임스 왕과 영국을 위한 영광스러운 일이 될 뿐만 아니라 개척자 자신들도 노력하면 영광스러운 장래를 보장 받을 수 있다는 것을 보여주기 위하여

(5) 일확천금의 꿈을 가진 용감한 자는 롤프와 같이 식민지 개척에 동참할 것을 권장하기 위하여

(6) 무진장한 자원이 있고 아직도 끝을 모르는 거대한 대륙을 식

민지화하는 데 투자하는 사람들은 큰 이윤을 기대할 수 있다는 것을 보여주기 위하여

　북미대륙에서 행한 영국 식민주의자들의 강도 짓과도 같은 상술(商術)이나 식민지 개척을 그들 자신이나 후손들이 어떤 말로 변명한다고 하여도, 결국 그들은 국수주의·제국주의·상업주의·식민주의·모험주의·영웅주의·인종차별주의·기독교선교사업 등등을 자행한 침략주의자들이었으며, 그들이 주장한 소위 '개척'은 한없는 야욕을 충족시키기 위한 침략행위에 불과했다고 요약할 수 있다.
　그 침략자들의 성공은 죄 없는 원주민들과 그들의 부족과 나라의 멸망 위에 이루어진 것이며 선하고, 착하고, 인정 많은 한 젊은 여인의 희생(이는 한 여인의 희생이 아니라 무수한 약소 민족·국가의 희생으로 확대·해석 되어야 한다.) 위에 이루어졌다. 두 살 된 어린 아들을 두고 간 그녀가 눈도 감지 못하고 세상을 떠났을 것 같아서 마음이 아프다. 무참하게 희생당한 다른 영혼들과 그녀의 명복을 빌면서 인류사회의 정의구현을 염원해 본다.

인디언에게 무기를 파는 백인 상인
이익을 위해서는 적인 원주민에게도
무기를 판매하는 유럽인들을 볼 때,
유럽 민족 내부에 도사린
탐욕과 이기심을 읽을 수 있다.

VI. 청교도와 원주민의 토지에 대한 개념의 차이[72]

청교도들은 토지를 다음과 같이 생각하고 있었다.

(1) 전세계의 땅은 모두 하나님의 것이다. 땅을 아담과 하와에게 주어 경작하고 번성하라고 하셨다. 그러므로 땅을 경작하고 개량하는 것은 하나님의 뜻이다.

(2) 먼저 발견한 땅은 발견한 자의 것이다. 거기에 정주하고 경작할 권리를 갖는 것은 당연하다. 그러나 원주민들은 예외이다.

(3) 아직도 아무에게나 점유되지 않은 땅은 몰수하여 경작 가능한 자에게 주어야 한다.

(4) 하나님을 모르는 이교도인 원주민들은 영혼이 없는 마귀의 앞잡이들이기 때문에 하나님을 믿는 우리 성민(聖民)의 번영을 위해서는 원주민을 추방하고 우리가 그 땅을 소유하는 행위는 정의로운 일이다.[73]

청교도들은 이와 같은 잘못된 논리와 명분을 가지고 원주민을 추방하고 그들의 땅을 빼앗았다.

1637년, 청교도들은 대담하게도 민병대를 조직하여 원주민 촌을 습격하여 500명을 죽이고 살아남은 부녀자와 아이들을 노예로 잡아 서인도에 팔아 버렸다. 그리고 청교도들은 "우리는 오늘 600명의 이교도들을 지옥으로 보냈다."[74]고 하며, 하나님께 감사예배를

---

72) 富田, op. cit., p. 53.
73) Ibid., p. 54.
74) Ibid.

드렸다. 이 사건은 청교도들이 북아메리카에서 '기독교 제국주의'의 본질을 유감없이 발휘한 최초의 대표적인 대학살이며, 침략전이라고 할 수 있다.

청교도들이 미대륙에 도착한 초기에 굶주리고 헐벗고 병들어 곤경에 처했을 때, 원주민들은 그들에게 각종 식량과 가죽 등 입을 것을 갖다 주면서 온정과 구원의 손길을 폈다. 이때 청교도들은 감격에 넘쳐 원주민들을 '하나님께서 보내 주신 천사'라고 믿고 환대하였다. 그러나 미대륙에서의 정착이 성공적으로 되어가자 청교도들은 한없는 토지욕(土地慾)에 불타기 시작했고, 원주민들의 존재는 장애물이 되기 시작했다.

이때부터 더욱 원주민을 이교도시(異敎徒視) 하며 마귀 사탄의 앞잡이로 낙인을 찍었는데, 이는 원주민들이 하나님의 은총을 받은 청교도들의 번영과 전진에 장애물이 되기 때문이었다. 즉 '하나님께서 보내 주신 천사'라는 찬사는 하루아침에 '마귀가 보내준 사

원주민들을
가능한 많이 살상
하고 추방하는 것은
하나님의 축복이다
- 청교도

탄'으로 변해 버렸다.[75] 그들은 자기들이 굶주렸을 때에 원주민들이 식량을 가져다 준 것은 하나님의 은총이 되고, 자기들이 강해진 후에 원주민들을 학살하고 땅을 빼앗은 것은 하나님의 축복의 결과라고 믿고 감사하였다.[76] 그러므로 그들은 원주민을 가능한 한 많이 살상하고 추방하여 청교도들의 정착지를 확장하는 것은 곧 하나님 나라를 건설하는 봉사의 길이요, 신앙의 실천이라고 굳게 믿었다. 자기들의 잘못된 야욕을 하나님의 이름으로 정당화한 것이다.[77] 이것이 당시 청교도들의 일관된 신조였다.

다시 말하면 하나님의 이름으로 원주민을 죽이고, 하나님의 이름으로 그들의 토지를 빼앗고, 하나님의 이름으로 대륙 개척을 시작하였다. 그들에게는 신대륙 개척도 성전(聖戰)의 일환이었다. 즉 성전이란 미명하에 살인·약탈·강간·방화를 자행하였으니 여기엔 양심의 가책이나 반성이 없었다. 예를 들면 기독교인들이 원주민 체로키 족이 살고 있는 지역으로 침입하여 여자들을 살해하고 그들의 음부를 무참하게 찌르고, 어린아이들의 두 팔을 잘라 어머니의 가슴에 안겨 주었다.[78]

이 야만스런 광경을 바라본 원주민들이 치를 떨며, "우리들이 믿는 신은 남을 사랑하고 도우라고 가르치는데 당신들이 믿는 신은 왜 남을 죽이고 빼앗으라고만 가르치느냐."고 울부짖으면서 남긴 눈물겨운 호소는 지금도 심금을 울리고 있다. 그러나 침략자들은

---

75) 藤永, op. cit., p. 35, 46.

76) Ibid., p. 48.

77) 富田, op. cit., p. 54.

78) Ibid., p. 103.

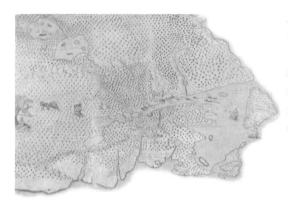

토지를 만인의 소유로 믿었던 에덴의 아메리카에 기독교 침략자들이 들어오자 낙원은 살인이 자행되는 지옥으로 변해 버렸다.

계속 사랑의 하나님을 살인과 약탈과 악마의 하나님으로 전락시켰고, 청교도들도 중남미를 침략한 천주교도들처럼 살인 강도단으로 돌변해 버렸다. 그리고 하나님 나라 건설이라는 미명으로 자기들의 만행을 정당화하고 미화하였다.

토지 개인소유권, 즉 사유재산권제도가 없었던 원주민들은 과실이나 토지는 만인의 것이라고 믿고 아무런 욕심도, 악의도 없이 순직하고 천진난만한 삶을 살았다. 비록 다른 부족들과 투쟁하기도 했지만 그들에게는 그 땅이 에덴이었다.[79] 그 에덴을 기독교인 침략자들이 들어와서 살인과 지옥의 수라장으로 만들고 은혜를 원수로 갚았다.

청교도들은 스스로를 배은망덕의 표본으로 만들었다. 이 세상에서 가장 추하고 더럽고 치사한 일은 배은망덕이다. 청교도들은 이 길을 택했다. 진정 이것이 청교도들의 정체인가? 이것이 과연 성경을 읽고 예수를 따르는 자들의 정체였는가? 이것이 진정한 기독교

---

79) 藤永, op. cit., p. 35.

인들이었는가? 그것이 하나님의 뜻이었는가? 미국의 기독교는 이들이 그렇게 건설한 종교인가? 신앙의 자유를 찾아 미지의 대륙으로 왔던 청교도들은 이렇게까지 타락했던 것이다.

예를 들면 1637년 5월 매사추세츠 주 당국은 존 메이슨(John Mason) 대위를 임명하여 그 부근 일대의 원주민 소탕전을 전개하였다. 원주민은 남녀노소 구별 없이 전멸시키고 생존자는 노예로 팔아서 원주민을 지상에서 깨끗이 청소해 버렸다.[80]

이 메이슨 대위의 무공담이 당시 미국 초등학교 4학년 교과서에 실려 있었다. 이 이야기의 주인공인 초등학교 4학년생 밥(Bob)은 메이슨 대위 무공담에 열중한다.

"그 부대는 새벽 아직 어둠이 캄캄할 때 원주민 촌에 은밀히 접근하여 일제히 습격했다. 군인들은 원주민 촌의 나무 울타리를 부수고 속으로 들어가 집에 불을 지르고 남녀노소 할 것 없이 전멸시키고 그들이 저장했던 식량·가구·의류 등 일체를 불살라 버렸다. 이렇게 귀찮은 원주민을 깨끗이 소탕해 버렸다. 이 광경을 바라본 다른 지방의 원주민들은 청교도가 얼마나 무서운 인간들이란 것을 알고 감히 대결할 생각도 못하였다."[81]

이러한 글을 읽은 밥(Bob)은 크게 한숨을 쉬면서 말한다.

"아! 나도 그때 함께 가서 한몫을 하였으면 좋았을 것을!"[82]

밥은 세월이 흐르면 건장한 청년으로 성장할 것이다. 이런 교육

---

80) Ibid., p. 48.
81) Ibid.
82) Ibid., p. 49.

을 받고 자란 청년이 장차 어떤 일을 저지를 것인가? 신앙의 자유를 찾아 신대륙으로 이민 온 청교도들의 후예는 이런 교육을 받고 자라나고 있었다.

이것이 과연 올바른 청교도들의 교육이었는가? 정의와 불의를 가릴 수 있는 교육인가? 믿음·소망·사랑을 실천하기 위해 이민 온 청교도의 교육이었는가? 침략과 약탈과 살인을 정당화하는 교육이 아닌가? 분명히 청교도들은 잘못된 길을 가고 있었다.

원주민들에게 있어서 '토지의 개인 소유'란 것은 상상도 하지 못했던 개념이었다. 토지는 그 종족 전체의 공유물이며 그곳에서 공동으로 작업하여 얻은 결실을 공동의 식량으로 삼고 살아가는 것이 조상 대대로 전래되어 온 풍습이었다.

그런데 청교도들은 대지를 인위적으로 분할하여 개인소유로 만들어 놓고 타인은 거기에 들어가지도 못하고 농사도 지을 수 없게 하였다. 뻔뻔스럽게 남의 땅을 빼앗고 그 농토에서는 사냥도 할 수 없게 만든 유럽인들의 사고방식을 원주민들은 도저히 이해할 수가 없었다. 원주민들은, 땅은 물이나 공기처럼 공동의 재산으로 생각하였다. 그러므로 만일 땅이 필요하면 필요한 자가 적당히 일시적으로 사용하면 되었다. 이것이 원주민들의 토지의 공동소유제도였으며, 기본적인 사고방식이었다.[83]

그러므로 새로 침입한 유럽인들이 땅이 필요하다고 하면 서슴없이 땅을 양보하고 빌려주기도 하였다. 그러던 중에 침략자들의 인구가 급격히 증가하기 시작하였고, 또 땅에 대한 그들의 욕심이 한

---

83) Ibid., p. 35.

저들의 탐욕은
만족을 모르는구나!
이젠 한 발 더 물러설 땅도
없는데…….

이 없다는 것을 알게 되었을 때부터, 원주민들은 땅에 대하여 관심을 갖기 시작하였고 자기들의 농토를 지켜야 되겠다는 경계심과 함께 불안감을 갖게 되었다.

청교도들은 원주민의 토지에 대한 개념을 알고 있었으므로 그것을 악용하여 비교적 간단하게 원주민의 토지를 빼앗았다. 즉 청교도들의 입장에서 합법적으로 빼앗기 위하여 「권리 매각증서」를 만들어 가지고 그것이 무엇인지도 모르는 원주민에게 X표 서명을 얻는 방법을 썼다.[84] 물론 원주민들은 문서상의 계약과 서명이 어떤 결과를 가져온다는 것을 알 리 없었다. 또 문자가 없었던 그들은 문서에 서명하는 것이 그들이 개척해 놓은 광대하고 비옥한 지역에서 쫓겨나는 것을 의미한다는 것은 물론 일단 서명해서 그들에게 빼앗긴 땅에는 들어갈 수 없고 거기에서 새 한 마리조차 사냥할 수 없다는 사실을 모르고 있었다.

그러므로 원주민들은 청교도들이 보여주는 문서에 그들이 주는 연필을 들고, 그들이 시키는 대로 X표를 그려 주었다. 개중에 어떤

---

84) Ibid., p. 45.

술은 원주민을 쓸어버리기 위하여
하나님께서 우리에게 주신 축복이다
- 벤자민 프랭클린

원주민은 청교도들이 주는 적은 보수를 뇌물로 받고 타종족의 토지 문서에도 서명해 주는 웃지 못할 일도 있었다.

이런 일을 할 때 청교도들은 으레 위스키를 가지고 와서 그들의 기분을 황홀하게 만들어 놓고 X표를 요구하였다.[85] 술을 처음 맛보는 원주민들은 그것을 화수(火水, fire water)라고 부르며 술에 흠뻑 빠져 들었다. 술을 보기만 하면 그들은 그 동안 저축해 놓았던 가죽·식량 등을 아낌없이 주고 사버렸다. 그러므로 여기에 놀란 벤자민 프랭클린(Benjamin Franklin : 1706~1790)은 "술은 원주민을 쓸어버리기 위하여 하나님께서 우리에게 주신 축복이다." 하며 감탄하였다.[86]

이런 방식으로 취득한 토지에 경작을 했든 하지 않았든 관계없이 원주민들은 거기에 들어가도 안 되고 사냥을 해도 안 되었다. 청교도들이 방목하는 가축(소, 돼지 등)은 이웃 원주민의 밭에 들어가 마음놓고 뜯어먹어도 원주민들은 아무런 항의조차 할 수 없었다. 만일 이럴 때 청교도들의 가축을 몰아내면 그는 범죄자가 되어 군

---

85) Ibid.

86) Ibid., p. 91.

청 재판소로 끌려나가 시민재판에 걸려 처형되기 때문이다.

이렇게 하여 청교도들은 북미에 처음으로 토지의 '개인 소유권제도'를 확립하고 소유권이란 개념도 모르는 원주민들의 땅을 빼앗아 분할하기 시작하였다. 그후 약 260년 동안에 전 북미지역의 땅을 다 빼앗거나 매입하고 원주민들을 강제로 수용소(Reservation)에 이주시켜 버렸다.[87]

이것이 서구인들이 하나님과, 정의와 자유와 평등이란 미명하에 건설한 북아메리카이며, 또 캐나다이다.

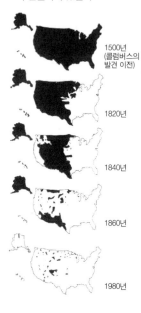

인디언의 영토 약탈사
(주객전도의 역사)
- 주인은 누구였던가?

1500년
(콜럼버스의 발견 이전)

1820년

1840년

1860년

1980년

VII. 청교도 성직자들의 잘못된 종교정책

청교도의 성직자들은 원주민에 대하여 근본적인 편견을 갖고 있었다. 즉 원주민들의 사고방식이나 생활양식은 물론 조상 때부터 전래된 종교신앙에 경의를 표할 줄 모르고 전적으로 그것을 원시적 미신으로 취급하고 일고의 가치도 없는 야만인들의 사교로 취급하여 무시하였다.[88]

---

87) 富田., op. cit., p. 176.
88) 藤永., op. cit., p. 41.

그러므로 그 야만적인 사교를 즉시 버리고 자기들의 종교로 개종하도록 강요하였다. 청교도들이 상륙한 플리머스 지방 일대에서는 원주민들에게도 기독교의 교리를 지키도록 엄격한 규율을 제정하였다. 즉 주일제도가 무엇인지 알지도 못하는 원주민들에게 주일에는 낚시질이나 사냥 등을 금지시키고 무거운 짐 운반 금지법 등을 제정하여 위반자는 범죄자로 처벌하였다.[89]

이런 법에 대하여 청교도들 사이에서도 신앙의 자유를 침범한다는 반대의견이 있었으나, 대부분의 청교도들은 이에 아랑곳하지 않고 원주민들의 신앙을 철저히 무시해 버렸다. 이것은 실로 청교도들의 자가당착이었다. 신앙의 자유를 찾아온 청교도들이 타인의 신앙의 자유를 박탈하였기 때문이다. 그것도 하나님의 이름으로 자행하였다.

청교도들은 칼뱅주의의 영향하에 있었기 때문에 자기들의 신앙체계만이 옳다고 하는 독선과 배타성이 그들을 지배하고 있었는지도 모른다. 내가 가진 신앙체계는 옳고 그 밖에 다른 신앙체계는 다 틀렸다는 절대적인 독선이 그들에게 자기들의 교리에 도취되어 자가당착에 빠지는 죄를 범한 것이라고 추측할 수 있을 것 같다.

기독교 이외의 모든 종교를 사교로 생각했던 당시 대부분의 기독교인들은 원주민을 단순히 이단으로 취급하였을 뿐만 아니라 자기들이 섬기는 하나님을 믿을 수 있는 능력이나 영혼조차도 없다고 생각했다는 것은 이미 지적한 바와 같다.

특히 성직자들이 그것을 강조하였으며 그런 종교적인 가르침이

---

89) Ibid., p. 46.

문명과 야만의 차이는 무엇인가?
음식·의복·주거지 등의 기본적인 생활 양식이나 생활 습관·
혼인 제도 등의 문화적 환경으로 판단할 수 없다.
자문화 중심주의는 국수주의를 낳게 마련이다.
오히려 상대에 대한 배려나 이웃에 대한 사랑이 '문화 민족'
을 가름하는 기준이 되어야 한다.
그런 면에서 천주교도나 청교도들은 틀림없는 야만인이다.

나 지침이 그들의 신념이 되었으니 그들의 원주민들에 대한 태도는 충분히 상상할 수 있다.

중남미 지역에서의 천주교도들과 같이 북미지역의 청교도들도 그러한 철저한 종교적인 독선을 유일 절대적인 것으로 북미대륙에 정착시켰다. 기수 역할을 한 것은 물론 성직자들이었다. 여기서도 종교가 권력과 결탁해서 목적을 달성하였다.

소위 이들이 개척이라는 이름으로 침략하고 빼앗은 땅에서, 자기들의 새로운 나라를 건설해 가는 과정에서 생겨난 그러한 사고방식이나 종교적인 제국주의 정책이 피침략자들에게 참을 수 없는 고통을 준 것은 역사적 사실이다.

유럽의 침략자들이 나타날 때까지 수만 년 동안 자기들의 땅이라고 믿고 살아온 원주민들을 학살하고 땅을 빼앗아 자기 땅이라고 주장하면서 뻔뻔스럽게 통치하는 유럽인들의 태도나 정책은 원주민들에게는 치욕을 넘어서 생사의 문제였다.

그러한 기독교인들의 침략에 반대하거나 종교적인 독재에 순종

침략자들의 일방적인 통치하에서
원주민들은 종교 생활, 생활 양식,
교육, 언어까지 일일이
그들의 기준에 맞춰 살아야 하는
'인권 유린'의 희생자였다.

하지 않는 원주민들은 가차없이 살해되었다. 원주민들은 모든 것을 다 빼앗기고 말았다. 그들에게는 청교도들이 주장하는 종교의 자유나 기본적인 인권이라는 것도 없었다.

그러한 비인간적이고 살인적인 침략자들의 일방적인 통치하에서 참고 살아남은 원주민들은 그들의 사생활은 물론 종교생활까지 침략자들에 의해서 철저한 통제를 받게 되었다. 생활양식이나 교육과 언어까지 그들이 결정하는 정책에 따라야 했으며 주거지도 그들이 선정한 지역으로 제한되었다.

기독교인들이 원주민들에게 강요한 이런 기독교 제국주의는 참으로 위험하고 그릇된 종교정책이었다. 자기 종교의 자유를 주장하는 사람들이 남의 종교의 자유를 부정하고 탄압하는 것은 언어도단이며 용납될 수 없는 일이다.

심각한 사실은 현재도 이러한 종교정책이 문화제국주의가 되어 전세계 각지에서 일촉즉발의 대결상태를 유지하고 있다는 점이다. 이 문화제국주의는 세계 지배를 목적으로 강력한 정치·경제 및 군사제국주의와 일심동체가 되었으며, 많은 종교가 서로 치열한 경쟁을 계속하고 있기 때문에 종교 간의 긴장상태는 좀처럼 완화될 것 같지 않다. 언제나 자기가 믿는 종교를 위하여 생명을 바치고 성전을 시작할 사람들이 전세계에 퍼져 있기 때문이다.

이러한 종교적인 대립은, 곧 무기와 직결된다는 현실적인 위험이 상존한다. 여기에는 종교가 항시 주장하는 사랑이나 자비도 없고 인도적인 행동지침도 없으며 생명의 존엄성이나 인류의 평화도 없다. 있는 것은 자기의 종교를 위한 희생정신과 애착, 순교정신뿐이다. 이러한 맹목이 결사적인 투쟁으로 이어지면 인류는 파멸하고 말 것이다.

이처럼 잘못된 종교정책은 다른 정책과는 비교할 수 없는 정신적·심리적 그리고 신앙적인 깊은 상처를 남긴다. 인간의 신앙생활과 사생활뿐만 아니라 정신세계와 영적인 세계를 통제하려는 종교정책은 신중하게 다루어졌어야 했는데, 침략자들은 너무나 이기적이었으며 경솔했다.

이러한 현실을 직시하고 모든 종교가 이 문제를 극복하지 않는 한 인류사회에 참다운 평화나 종교적인 공존이 가능하리라는 기대는 하기 어렵다. 기독교인들이 원주민들에게 범한 죄악이 다른 지역에서 또 다른 탈을 쓰고 되풀이되어서는 결코 안 될 것이다.

VIII. 청교도들의 유럽 탈출과 그들의 목적

청교도들은 유럽에서 종교적 탄압 때문에 살기 어려워서 종교의 자유를 찾아 신대륙으로 탈출해 왔다. 그들은 천주교 세력이 이미

기독교인들이 들어오기
이전, 아메리카는
낙원이었다.

크게 성공한 중남미에는 갈 수 없었기에 결국 북미를 선택하였다. 그들은 종교의 자유를 찾아 신천지에 왔으나 메이플라워 규약 (Mayflower Compact)이 증명하는 바와 같이, 하나님과 제임스 왕의 이름으로 버지니아 주에 새로운 식민지를 개척할 목적을 명백히 하고 있었다. 또 그들은 기독교의 진흥과 조국의 명예를 위하여 식민지를 개척하겠다고 선언하고 상륙하였다.

단적으로 표현한다면, 그들은 남의 나라 땅을 빼앗아서 잘 살아보겠다는 속셈으로 침범하였다. 그들의 메이플라워 규약이나 그후 그들이 남긴 자료나 역사가들이 남긴 자료에 따르면, 그들의 북미 이주의 목적은 다음의 다섯 가지로 요약할 수 있다.

(1) 생명의 위협을 느끼는 종교적 탄압을 피하여, 즉 종교의 자유를 찾아서 편히 살려고 유럽을 탈출한 것, 다시 말하면 유럽에서 살수 없었기 때문에 탈출한 사람들이라는 것.

유럽에서 잘 살 수 있는 사람들은 오지 않았다는 사실을 기억해두어야 이 책이 그리려고 하는 역사의 교훈을 정확하게 볼 수 있다.

(2) 원주민의 땅을 빼앗아서 새로운 식민지를 건설할 목적

(3) 남의 나라를 정복하여 그 땅에 기독교 천국을 건설할 목적

(4) 식민지 확장전(擴張戰)에 참여하여 일확천금을 꿈꾸고 온 사람들도 적지 않았다는 사실

(5) 새로운 식민지 개척에 성공하여 자기들의 고국과 그 가족에 이바지하고 자기들의 이름을 역사에 남기며 또 자손들에게 그 영광을 남기려는 전형적인 침략자들의 꿈을 갖고 왔다는 점

초기 청교도들의 성공담을 듣고 뒤를 따라온 사람들의 대부분은 전형적인 침략주의자들이었다는 사실은 누구도 부정할 수 없다. 청교도들은 당시의 유럽을 지배했던 왕족이나 귀족 출신이 아니었다. 해적들도 뒤를 따랐다.

그들의 행적을 보면, 영토의 확장이나 인구 증가와 부의 축적이 침략자들의 성공의 척도였다.

일부 몰지각한 지식인들이 생각하는 것처럼, 그들은 도덕성이나 종교의 자유, 평등 등을 실현할 목적으로 민주주의 혹은 인권을 옹호하는 지상낙원을 건설하려고 온 것이 아니었다.

물론 영토의 확장이나 전쟁에는 돈과 군사력이 필요하기 때문에 미국이 현재의 영토를 확보할 때까지 청교도들의 식민지 확장이 계속되었다는 것은 역사적인 사실이다. 그렇다면 거대한 자금이나 물자를 유럽에서 가져오지 않은 청교도들이 어떻게 성공적으로 침략전을 전개하였으며, 필요한 물자나 인력을 어떻게 동원하였겠는가를 생각해 보면 청교도들의 도덕성이나 인간성을 짐작할 수 있을 것이다. 그들의 대부분이 맨주먹으로 대서양을 건너온 사람들이었

침략자들은 초기에 힘이 약할 때에는 원주민과 평화적 공존을 모색했으나, 힘이 강해졌을 때에는 전멸 작전을 구사했다.

기 때문에 무기 이외는 모두 현지 조달하였다. 즉 원주민의 나라에 와서 원주민들을 속이거나 죽이고 필요한 것을 다 빼앗은 것이다. 무기를 가지고 와서 원주민 촌을 습격한 것을 보면 그들의 의도가 무엇이었는지 알고도 남음이 있다.

원주민들이 초기에는 청교도들을 선의로 도와주었으나, 그후 침략자들의 의도와 잔인성을 알게 된 원주민들이 저항하거나 공격하면 청교도들은 전멸작전으로 대응하였다. 다시 말하면 미국이 현재의 영토를 확보할 때까지 기독교인들의 침략전이 계속되었다고 할 수 있다. 뿐만 아니라 원주민들이 소유하고 있던 땅을 빼앗거나 이용하려는 것과 그들에 대한 차별이나 인권 침해를 볼 때, 기독교인들의 침략은 아직도 계속되고 있다고 볼 수 있다.

이러한 과정과 결과를 보면 청교도들은 초기에 종교적인 탄압과 박해를 피하여 신앙의 자유를 찾아왔지만, 목적지에 도착한 후부터는 원주민들의 종교를 무시하고 원주민들을 학살하는 침략자로 변해 버렸다. 그들은 원주민들을 추방하거나 학살하고, 땅을 빼앗아서 자기들만 잘 살려고 이주해 온 것이다. 원주민들과 공존공영할 생각은 추호도 없었다.

그들은 자기들의 목적 달성을 위하여 약 300년 동안 최소한 1억 이상의 원주민들과 또 원주민들의 식량의 근원이었던 야생 들소 (Buffalo) 6,000만 마리를 무차별 학살하였다고 한다.[90] 결국 청교도들은 원주민들을 학살하고 그들의 나라를 빼앗고 그 안에 있는 모든 것을 강탈하였다.

그리고 쓸모 없는 지역을 수용소로 설정하여 살아남은 원주민을 수용해 버렸다. 현재 백인의 평균 수명은 76~78세에 달하고 있는데, 원주민의 평균 수명은 아직도 40세 중반이라고 하니 이 얼마나 기가 막히는 일인가.

기독교인들은 총칼로 빼앗은 땅을 개척하는 데 필요한 노동력의 공급을 위하여 약 300년 동안에 아프리카에서 1,200~1,500만 명의

철조망으로 둘러싸인 원주민 보호 구역
척박한 땅과
상한 음식이
백인을 도와 준
대가로 돌아왔다.

---

90) 1890년도 미국세조사 보고에 의하면 잔존 원주민 수는 25만 명뿐이었다. 富田, op. cit., pp. 163~164 ; Stannard, D. E., *American Holocaust*, 1992, pp. 151, 317 참조.

흑인들을 잡아와 주로 남북아메리카와 서인도지방 등에 팔아 버렸다. 노예들의 인권을 유린하고 노동력을 착취하면서 치부(致富)에 열중한 것이다.[91]

자기들의 종교의 자유와 보다 안전하고 복된 삶을 위하여 남의 나라를 침략한다는 것은 무엇으로도 정당화할 수 없는 일이다. 대규모의 침략전이나 전쟁의 승리에는 반드시 그에 상응한 희생과 피해가 따르는데, 청교도의 승리 뒤에는 원주민들과 흑인들의 크나큰 희생이 있었다는 사실을 잊어서는 안 될 것이다.

가해자와 피해자의 관계를 좀더 확실하게 이해하기 위하여, 하나의 가상적인 예로, 그 당시는 물론 현재 종교 탄압을 피하여 타지역으로부터 얼마나 많은 유색인종들이 유럽이나 미국으로 이주할 수 있겠는가의 가능성을 한번 생각해 보자.

특히 미주지역의 원주민들이나 아프리카인들이 자기들의 식민지를 건설하기 위하여 전 유럽을 침략하여 유럽인들을 학살한 후에 거기에 새로운 독립국가를 세우고 자기들의 종교의 자유를 위하여 기독교를 금지시키고 그들의 종교를 유럽인들에게 강요하였다면 수용소에서 살아남은 유럽인들이 어떻게 생각하고 어떻게 대처하였을 것이며 또 어떻게 그 사실을 기록했겠는가?

그러한 결과와 피해를 상상할 수 있다면 미주지역이나 아프리카 지역을 침략한 유럽인들의 일방적인 논리나 독선적인 사고방식은

---

91) Meyer, J., *Esclarces et N griers*, 猿谷要 監修,「奴隷 と 奴隷商人」, 1992, p. 19 ; Stannard, Ibid., p. 151(Stannard 교수는 백인들에 의하여 최소한 3천만 명, 많게는 6천만 명의 아프리카 흑인들이 학살당했을 것으로 추측하고 있다.) ; Everrett, S., *History of Slavery*, 1996, p. 6.

물론 그들의 인간성이나 잔인성을 짐작할 수 있을 것이다. 그때 많은 유럽인들은 도덕적 불감증에 걸렸던가?

특히 종교 탄압을 피해 온 사람들이 남의 나라에 와서 남의 종교를 탄압한 것은 용납할 수 없는 일이다. 자신의 종교와 자신의 삶을 위하여 남을 죽이고 그 죽은 사람들의 땅이나 나라를 빼앗는 침략 행위를 위하여 유럽인들이 북미에 온 것은 그 목적이나 동기부터 잘못된 것이라고 할 수 있지 않을까?

만일 중남미를 침략한 천주교 세력이나 북미를 침략한 청교도들이 택한 방법 그대로 원주민들이나 아프리카인들이 정반대로 유럽이나 현재의 미국을 침략하여 그들의 식민지를 건설한다면, 유럽인들이나 북미지역을 지배하는 유럽인들의 자손들이 무엇이라고 하겠는가를 생각해 보면 자명해지는 일이다. 원주민들이나 아프리카인들의 성전(聖戰)은 아직 시작되지 않은지도 모른다.

또 일부 비교적 양심적인 지식인들은 그러한 침략행위는 다 과거에 있었던 일인데 지금에 와서 어떻게 하라는 말이냐고 반문하면서 이제는 어쩔 수 없는 현실이라고 주장한다. 그리고 원주민들이 자기들의 힘으로 독립을 쟁취한다든가 원상복구를 할 수도 없는데, 힘있는 권력층의 어떤 사람들이 그들의 기득권을 스스로 포기하겠느냐고 하면서 설득력 있는 현실론, 즉 현실우위론(現實優位論)을 제기한다. 인류의 역사가 그렇다는 것이다.

그렇다면 미래의 인류역사도 결국 백인 기독교인 중심의 침략과 정복의 연속이란 말인가 묻지 않을 수 없다. 배리적(背理的)인 말이 되겠지만 인류사회에 공정성과 정의가 통하는 참다운 민주주의가 정착할 때까지 강자와 약자간의 지배와 복종, 즉 종속관계는 피할 수 없는 일인가? 그러나 지금도 그러한 현실 속에서 인류가 살고 있는 것만은 틀림이 없는 것 같다.

이러한 견해나 의견을 크게 분류하면 다음의 세 가지 집단과 이견(異見)으로 나눌 수 있다.

첫째는 승자의 논리인데, 그 승자들이 만든 기정사실을 긍정적으로 받아들이는 사람들이 대부분 유럽계의 서구인들이라는 사실이다. 그들은 이구동성으로 현상유지 아니면 기정사실을 인정하자고 주장한다.

둘째는 피해자들의 주장인데, 원주민들의 다수는 두말할 것도 없이 유럽인들의 침략을 부정적으로 보며 지금도 강도 높게 비난한다. 그리고 현재의 이스라엘처럼 가능하면 자기들도 언젠가는 독립하여 자기들의 문화를 부활시키고 자기들의 말을 하면서 살고 싶은 꿈을 꿀 때도 있다고 한다.

셋째는 흑인들인데, 대부분의 흑인들은 그들의 슬픈 과거사를 잊을 수도 없거니와 그렇다고 하여 돌아갈 수 있는 나라도 없는 상태이다. 물론 이제는 당당한 미국 시민들이지만 미국에서 가장 많은 실업률을 차지하고 있는 그들은 불만과 불평을 감추지 않는다. 그들이 아마 미국에서 가장 강력한 사회불안 요소가 될 가능성을 부정할 수 없다. 그들은 지금도 노예제도에 대한 미국 백인들의 사과를 요구하고 있다.

우리는 청교도들의 유럽 탈출이나 그들의 침략이 원주민들에게 어떠한 피해를 주었는가를 보면서 역사적인 정당한 평가를 기대해 보고 싶다. 역사는 왜 인류 전체를 위한 공정한 평가를 게을리 하고 있는지 알 수 없다.

IX. 원주민 노예

흑인노예제도에 관한 이야기는 대개 상식적으로 알려져 있으나 아메리카 원주민 노예에 관한 사실은 별로 알려진 바가 없다.

그러나 사실은 플리머스에 청교도들이 상륙하기 전인 1614년에 이미 영국인들이 원주민 27명을 잡아 스페인에 노예로 팔았다. 그 후 17세기 후반부터 18세기 전반까지 약 100년 동안 노예사냥을 위한 조직적이고 대대적인 전투가 계속되었다.

노예사냥을 하면 일석삼조의 이익을 볼 수 있었기 때문에 기독교인들은 여기에 열중하게 되었다.

첫째, 노예를 잡아 팔면 현금과 필요한 물건을 구입할 수 있었다.

둘째, 노예를 잡으면 그 노예들이 경작하던 농토를 그저 장악할 수 있었다.

셋째, 잡은 노예를 부려 농사를 지어 식량을 확보할 수 있었다.

노예상인들은 아프리카에서와 같은 방법으로 원주민 촌을 포위하고 총으로 위협하면서 젊은이들을 잡았다. 또 어떤 때는 부족간의 대립을 조작하거나 싸우게 하고 어부지리를 얻기도 하였다. 이렇게 잡힌 노예는 현재의 남캐롤라이나 주의 찰스톤 항에 집합되어 각지로 팔려나갔다.

유럽인들의 침략이 시작되기 전의 원주민 생활은 비교적 단조로웠다. 여자는 농사일을, 남자는 주로 사냥을 하며 대자연 속에서 자유롭게 살고 있었다. 그러한 원주민들의 나라가 기독교인들의 침범으로 전운(戰雲)에 휩싸이게 되었다. 기독교인들의 날벼락 같은 침략으로 중년 신사, 양가집 규수들이 일시에 노예의 몸으로 전락하게 되었다. 일반 원주민들은 물론 추장들, 즉 원주민 왕들이나 왕족들이 잠자는 동안에 말살되거나, 갑작스러운 불운을 피할 수 없었던 젊은 남녀들은 사로잡혀서 모두 노예로 끌려갔다.

정확한 기록은 남아 있지 않기 때문에 전 미주지역에서 매매된 원주민 노예수가 얼마나 되는지 알 길이 없다. 그러나 하나의 예로 남 캐롤라이나 주의 1708년도 인구조사를 보자. 유럽인들은 5,300명이었고, 흑인노예는 2,900명이었으며, 원주민 노예는 1,400명이었다. 다시 말하면 백인은 5,300명이었는데 흑인과 원주민 노예는 4,300명이었다. 즉 노예 수가 노예 소유자들인 백인의 약 81%에 달했다.[92]

미국에서는 매년 독립기념일인 7월 4일에 전국 방방곡곡에서 우렁차게 울리는 승자의 애국가가 들려온다. 그리고 승리를 축하하는 지상 최고의 화려한 불꽃놀이가 펼쳐지고 이와 함께 터져 나오는 승자의 영광의 노래와 행진곡은 듣는 사람들의 귀가 아플 정도이고 보는 사람들의 마음을 들뜨게 한다.

나라를 빼앗은 사람들이 그 우렁찬 승자의 영광의 노래와 행진이 자아내는 흥겨운 분위기 속에서 승리의 축제를 즐길 때에, 한편 TV를 통해서 들려오는 원주민들의 한에 맺힌 노래는 너무나 대조적이다. 그 슬픈 노랫소리는 듣는 사람의 가슴을 뜨겁게 하며 눈물을 금할 수 없게 만든다. 이러한 패자의 슬픔을 모르는 사람들에게 무슨

---

92) 원주민 노예 수는 약 300만 정도로 추측하고 있으나 정확한 숫자는 알 수 없다. Stannard, Ibid., 1992, pp. 151, 270~275, 317 ; Kolchin P., *American Slavery*, 1619~1877, 1993, pp. 240~245 ; Doren, op. cit., pp. 178~179 참조 ; Everrett, Ibid., p. 6.

인정이나 정의를 기대할 수 있겠는가? 「어떻게 서부지역을 잃었는가?」(How the West was Lost)라는 TV 드라마는 우리의 마음을 착잡하게 한다.

X. 침략자와 원주민 간의 주객전도(主客顚倒)

침략자들은 북미의 대부분의 땅을 원주민에게 빼앗았으며, 또한 청교도들은 천주교계 침략자들에게 상당 부분의 땅을 매입하거나 빼앗았다. 예를 들면 1819년에 현재의 플로리다를 가톨릭 국가인 스페인으로부터 할양(割讓)받았으며, 1848년에 현재의 캘리포니아·텍사스·뉴멕시코·애리조나·네바다·유타와 콜로라도의 일부를 미국의 압력에 굴복한 멕시코로부터 할양받았다.[93]

이러한 침략 과정에서 결국 약 600종족의 원주민들 중에서 반 이상의 종족이 무참하게 말살당하고 현재는 약 279종족의 소수만이 살아남았다고 기록되어 있다.[94] 살아남은 원주민들은 자기들의 나

---

93) 단 일부의 영토는 미국이 영국으로부터 독립한 후에 다른 유럽의 식민지 국가들이 이미 빼앗은 땅을 19세기에 매입한 것이다. 예를 들면 루이지애나 주의 주변부터 미시시피 강 서부지역의 영토는 1803년에 $ 11,250,000을 주고 프랑스의 나폴레옹에게 사들였으며, 알래스카는 1867년에 $ 7,000,000을 주고 러시아에서 매입하였다. 미국은 에이커(acre) 당 2전(cents)을 주고 알렉산더(Tsar Alexander) 황제에게 알래스카를 매입하였는데, 당시의 많은 미국인들은 정부가 무용지물을 매입했다고 생각하였다. Castleden, op. cit., p. 463. 동시에 캐나다의 경우는 영국계와 프랑스계가 함께 선점(先占)하였지만, 후에 프랑스가 패배하여 영국계 사람들이 중심이 되어 공동으로 나라를 만들었다.

아파치 족의 추장 제로니모(1829~1909)
용맹한 아파치족의 추장으로
조국의 산하가 백인들에 의해
짓밟히자 분연히 떨치고 일어나
대항하다가 1885년 최후의 저항에서
패배하여 사로잡혔다.

라를 침략한 기독교인들이 지정한 수용소에 수용당하고 말았다. 수용을 반대하거나 저항한 원주민들은 모두 투옥되거나 처형당하였다. 남의 나라에 와서 침략자로 변한 유럽인들 때문에 손님과 주인 사이가 주객전도되어 버리고 만 것이다.

광활한 대륙에서 자유롭게 사냥과 낚시를 즐기면서 살던 원주민들은 침략자로 변한 손님들이 지정한 수용소에서 일생을 보내야 하는 처지가 되어 버렸다. 그들은 오랫동안 자기 나라에서 살았지만 침략자들이 그들의 땅 위에 건설한 미국의 시민권도 소유할 수 없었다. 물론 현재는 원주민들도 타지에 가서 살 수 있으나 서구문화에 잘 적응하지 못하여 대부분 실패하고 다시 수용소로 돌아가고 있다.

미국에 약 180만 명의 원주민 '인디언'들이 아직 살아남아 있기 때문에 그들이 살고 있는 278개소의 수용소가 전 미국 각 지역에

94) Grant, B., *Concise Encyclopedia of the American Indian*, Revised Ed., 1994, p. 323.

원주민 수용소
짐승들도 살기 힘든
사막지대이다.

있다. 그러나 대부분의 수용소는 백인들이 살기 어려운 산간벽지
나 물도 없고 짐승들도 살기 어려운 사막 지대에 있다. 침략자들에
의하여 정책적으로 선정된 것이다. 이러한 침략이나 주객전도가
모두 하나님의 이름으로 이루어졌다.

　그나마 원주민 수용소의 면적은 날이 갈수록 좁아지고 있다.
1881년도에는 약 1억 5천만 에이커였으나 현재는 1/3밖에 안 된다.
그것도 계속 침략자들에 의하여 돈으로 매수당하여 빼앗기고, 때로
는 사기나 강제로 빼앗겨왔다. [95]

　「예레미야애가」는 마치 원주민들의 슬픔을 읊은 것처럼 읽혀지
기도 하는데, 특히 다음의 몇 구절은 이 패자들의 슬픔을 잘 묘사하
고 있다.

> …제사장들과 선지자들이 어찌 주의 성소에서 살륙을 당하오
> 리이까. 노유(老幼)는 다 길바닥에 엎드러졌사오며 내 처녀들
> 과 소년들이 칼에 죽었나이다. 주께서 진노하신 날에 죽이시되
> 긍휼히 여기지 아니하시고 살육하셨나이다(2:20∼21).

---

95) 富田, op. cit., p. 176.

두려움과 함정과 잔해와 멸망이 우리에게 임하였도다. 처녀 내 백성의 파멸을 인하여 내 눈에 눈물이 시내처럼 흐르도다. 내 눈의 흐르는 눈물이 그치지 아니하고 쉬지 아니함이여. 여호와께서 하늘에서 살피시고 돌아보시기를 기다리는도다…… 무고히 나의 대적이 된 자가 나를 새와 같이 심히 쫓도다. 저희가 내 생명을 끊으려고 나를 구덩이에 넣고 그 위에 돌을 던짐이여. 물이 내 머리에 넘치니 내가 스스로 이르기를 이제는 멸절되었다 하도다(3:47∼54).

XI. 미국의 독립전쟁과 원주민

영국에서 독립하기 위하여 전쟁을 지휘하던 조지 워싱턴은 영국군과 숲 속에서 대결할 때에 그 지역의 지리에 밝은 원주민들의 도움을 많이 받았다. 일부 원주민들은 전투에도 참가하여 워싱턴의 승리에 중요한 공을 세우기도 했다. 백인들은 동부지역에 자리잡고 있던 이로쿼이(Iroquois) 연방을 이간시키고 일부가 자기들을 돕게 하였으나, 독립 후에 그들을 다 추방하거나 학살하고 그들의 땅까지 모두 빼앗았다. 그리고 어쩔 수 없이 순종하면서 살아남은 일부의 원주민들을 수용소에 가둬 버렸다.[96]

---

96) 이로쿼이(Iroquios) 연방은 1570년경 이로쿼이 족과 모호옥 족(Mohawks), 오네이다 족(Oneidas), 오논다거 족(Onondagas), 큐우거 족(Cayugas) 또는 카이유거 족이라고 불리는 부족과 이로쿼이 연방 중 최대의 부족이었던 세네카 족(Senecas)의 5부족이 연합하여 The Five Nations라고 호칭하던 강력한 연

사실은 워싱턴의 부하들이 캐나다를 쳐들어갈 때나 프랑스군과의 충돌이 있을 때도 원주민들은 양쪽에 이용당했다. 또 한 지역의 원주민을 공략하고 그 땅을 빼앗기 위하여 타지역의 원주민들을 이용했다. 첫번째 목적이 달성되면, 그 후에 자기들을 도와준 원주민마저 잡아버리는 교활하고 비겁한 계략(計略)으로 많은 원주민들을 울렸다. 상상력이 있는 사람이라면 누구나 원주민들의 허탈감과 배신감을 짐작할 수 있을 것이다. 또 기독교인들은 미주 지역의 원주민을 공략하는 데 아프리카에서 잡아온 흑인 노예까지 동원하여 출전시켰다.[97]

그뿐만 아니라 일선에서 미국 군이나 행정관이 원주민들과 맺은 조약이나 약속을 연방정부가 임의로 거절하고 파약(破約)시켰다. 연방정부도 주정부나 군인들, 행정관 못지않게 그들 스스로가 원주민들과 체결한 조약을 지키지 않고 원주민을 공략하거나 땅을 빼앗는 등 상습적인 범행을 저질렀다는 백인들의 기록이 남아 있다. 좋은 예로 현재의 조지아 주 북부에 살던 체로키 족이나, 오레곤 주에 거주하고 있던 네스 퍼스가 이끌던 원주민들과의 조약이나, 플로리다 주에 살던 세미놀 족과의 관계를 들 수 있다.

13개 주가 단결하여 영국과 싸워서 독립을 달성한 후에 미국은 50개 주로 영토를 확장하였다. 그렇게 힘으로 성장한 미국을 지상

방이었는데, 1722년에 터스카로라 족(Tuscaroras)이 가담하여 북미 최대의 원주민 연방이 되었다. 그들은 광대한 지역에 살고 있었으며 문화의 정도가 높은 민족들이었다. 그러나 미국 독립전쟁 후에 대부분은 고향산천을 버리고 캐나다로 이주하였으며, 일부는 현재의 뉴욕 주와 위스콘신 주에 살고 있다.
97) 링컨도 남북전쟁 때에 18만 명의 흑인들로 구성된 군대를 동원하였다.

최고의 낙원이며 가장 아름답고 훌륭한 민주국가를 건설하였다고 주장하는 성직자나 학자들도 있다. 그러나 원주민들과 노예로 끌려 온 흑인들은 수백 년 동안 시민권도 없었으며 인간 대우를 받지 못하였다. 특히 흑인들은 애완견만도 못한 대우를 받았으며 언제나 사고 팔 수 있는 가구나 가축과 같은 대우를 받았다.

　다시 말하면 오랫동안 유색인종, 즉 원주민·흑인, 남미 계통의 사람들, 아시아계 사람들은 물론 유대인들도 서구인들에게 주어진 인권이 보장되지 않았다. 그들에게는 너무나 오랫동안 미국의 민주주의 과정에 참여할 수 있는 기회도 주어지지 않았다.[98]

　1863년 남북전쟁 중에 있었던 링컨의 노예해방선언 후에도 오랫동안 흑인들이나 원주민들에게는 투표권이 없었다. 남북전쟁이나 그후에 일어난 스페인 전쟁, 원주민들과의 전쟁, 세계 제1·2차 대전에 흑인과 원주민들도 동원되어 미국을 위해 용감하게 싸웠다.

　그 동안 전쟁에 증원병으로 참전하여 전사한 유색인종 군인들은 백인 전사자들이 안치된 국립묘지에 안장될 수도 없었다. 다같이

---

98) 아시아계 특히 중국계나 일본계 이민들도 20세기 초까지 시민권을 주지 않았으며 미국에서 태어난 그 자손들도 20세기 전반까지 시민권을 주지 않았다. 중국계와 일본계는 미연방의회가 제정한 법으로 상당 기간 이민을 금지당한 적도 있었다. 물론 유럽인들의 이민은 오랫동안 자유였으며 아무런 수적 제한도 없었다. 유색인종들은 미국 헌법이 보장하는 기본권, 즉 국가나 정부도 빼앗아 갈 수 없다는 불가침의 인권이 보장되지 않았으며 참정권도 없었다.

　국적에 관한 한 속지주의(屬地主義)를 택한 미국에서는 서구인이라면 누구나 미국 영토 안에서 태어나면 자동적으로 미국시민이 된다. 그런데 동양인이나 흑인들, 즉 유색인종들은 그러한 기본권을 수백 년 동안 박탈당했다. 그러나 아이러닉한 것은 그러한 법이나 정책을 만들어서 미국을 지배해 온 초기의 청교도들도 모두 유럽에서 온 불법 이민자들이었으며 그들의 자손들이라는 사실이다.

나라를 위하여 싸우다가 생명을 바친 애국 전사자들이라도 유색인종 병사들은 사후(死後)에도 차별대우를 받았다. 급할 때 혈형(血型)만 같으면 피부색과 관계없이 그들의 피를 백인들에게 수혈하기는 했어도, 죽은 후에 같은 국립묘지에 묻힐 수 없었던 철저한 인종차별정책이었다.[99]

특히 청교도들이 건설한 미국에서의 민주주의나 헌법이 보장한 기본적인 인권이나 독립선언문이 주창(主唱)하는 평등주의는 유색인종을 포함하지 않았다. 아니 처음부터 의식적으로 철저하게 배제되어 있었다.

그러한 사회에서 유색인종은 물론 약자나 소수의 인권이 정당하게 보호될 수 없다는 것은 인류 역사가 증명하고 있다.[100]

---

99) 뿐만 아니라 살아서 돌아온 유색인종 출신 군인들에게는 온갖 술책을 동원하여 투표권을 행사하지 못하게 하였다. 백인들에게는 요구되지 않은 시험을 요구하거나 터무니없는 투표 세를 징수하거나 선거인 명단에 빠지게 하여 투표를 저지하였다. 지금도 수용소에 사는 원주민들은 조약과 법으로 분리되어 있다는 이유로 투표를 하지 못한다.

이러한 유색인종차별정책이나 법적 조치와 태도는 다 백인우월주의와 독선적인 배타성에서 나온 것이다. 수백 년간 계속된 유색인종차별을 시정하기 위하여 만들어진 것이 1964~1965년의 인권법안들이었다. 링컨이 노예해방선언을 한 100년 후에야 겨우 시정된 것이다.

100) 미국에서 소수민족이나 유색인종들의 기본적인 인권이 형식적으로나마 보호받기 시작한 것은 제2차대전 이후부터이다. 1960년대 중반부터 시작한 유색인종이나 소수민족을 위한 법적 보호나 정책적인 우대나 복지정책의 폐지운동에 성공하고 있는 서구인들이 주장하는 역차별 지양(逆差別 止揚)에 상당한 이유가 있다고 하지만 많은 서구인 여성들까지 폐지를 반대하는 이유에 유의해야 할 것이다. 형식적인 평등주의나 힘있는 다수에게 유리한 사회정의 구현장치는 현 상황을 지속시키는 역할을 계속할 뿐이다.

미국 독립전쟁 때와 같이 필요할 때는 원주민들을 이용하고 독립 후에는 필요 없으니 혹독하게 처리해 버리는 데에서 나타난 그들의 비인간적인 사고방식이나 행동이 더 이상 용납되어서는 안 된다. 만일 그들의 인간성이 변할 수 없는 것이라면 그들이 현재 지향하고 또 만들고 있는 신세계 질서하에서의 유색인종의 미래는 어떻게 될 것인가?

침략자들의 독립국가 창설은 원주민들의 비참한 학살로 이어졌으며, 살아남은 소수의 비교적 운이 좋은 원주민들은 수용소로 들어가게 되었다. 이와 같이 한 인종의 식민지 개척과 그 독립은 다른 한 인종의 망국과 멸망의 고귀한 대가 위에 이루어졌다.

하나의 국가 특히 민족의 영원한 멸망은 돈으로 산정(算定)할 수 없는 엄청난 손실이다. 침략주의자들과 그 지지자들은 그것이 돌이킬 수 없는 인류의 영원한 손실이라는 것을 알아야 한다. 식물이나 동물의 멸종을 걱정하는 사람들이 유색인종이나 민족의 멸망을 외면하는 비인간적인 기현상이 계속되는 한 인류사회의 정의나 평화를 기대하기는 어렵다.

그것이 청교도들이 건설한 미국이 남긴 비극이었으며 원주민들에게는 영원히 잊을 수 없는 망국의 한이 되었다. 그리고 미국의 발전을 위하여, 아니 서구인들의 안락한 생활을 위하여 노예생활을 강요당했던 수많은 흑인의 희생을 그 비극사에서 빼놓을 수 없다.

동시에 기독교인들의 종교의 자유와 발전은, 원주민들의 종교의 부자유와 멸망을 초래했다는 사실을 잊어서는 안 된다. 그것은 미국에서 일어난 인종간의 착취였으며, 정의와 힘의 격돌이었고, 종교 간의 전쟁이었다. 미국의 독립은 승자에게는 영광스러운 일이

침략자들은 필요에 따라서 원주민을 달리 대했다. 맞잡은 손을 통해서도 가슴 이면에 감추어진 본심을 알 수 없다. 백인을 신뢰했다는 것, 인간을 믿음으로 대한 것이 원주민의 돌이킬 수 없는 실수였다.

되겠지만 패자인 원주민들에게는 천추의 한을 남긴 것이었다.

지금도 때때로 백인들이 되풀이하는 상징적인 말이 있다. 즉 좋은 흑인은 죽은 흑인이며, 좋은 인디언은 죽은 인디언이라는 말이다. 백인들은 흑인이나 인디언을 사람 취급하고 있지 않으며, 또한 그들의 과오를 인정하지 않겠다는 오만이다. 말 못하는 짐승처럼 주는 대로 먹고 마시며 반항하지 말라는 의미를 내포하고 있다.

현명한 독자들은 이미 청교도들의 침략사의 큰 줄기를 이해하였겠지만, 다시 한번 강조하면 원주민들의 기구한 운명은 미국이 독립전쟁에 승리한 후에 더욱 심각해졌다. 예를 들면 제7대 대통령 앤드류 잭슨은 현 조지아 주의 북부에 살던 체로키(Cherokee) 원주민들을 강제로 오클라호마로 이동시켰다.

체로키 원주민들은 자기들의 땅을 강제로 빼앗으려던 조지아 주와 충돌하여 연방대법원까지 가서 승리했음에도 불구하고 원주민 학살과 영국군 격멸로 이름난 앤드류 잭슨이 대통령이 되자 비운(悲運)은 다시 시작되었다.

체로키 원주민들을 말살하거나 타지역으로 추방하고 땅을 빼앗으려던 조지아 주에 정착한 기독교인들은 잭슨 대통령을 이용하여 원주민들의 의사도 권리도, 또 미연방대법원의 판결도 무시하고 추운 겨울 그들을 강제로 오클라호마로 이동시켰다.

그 당시 잭슨 대통령의 명령에 의하여 체로키 원주민의 강제 이동에 참여하였던 백인이 기록한 비화를 살펴보자.

XII. 눈물 젖은 길(The Trail of Tears)

여기에 소개하는 글은, 체로키(Cherokee) 족이 조상 때부터 살아오던 정든 땅 미국의 남부 지방에서(지금의 조지아 주 북부) 백인 기독교인들에게 추방당하여 눈보라치는 엄동설한 속에 미지의 땅 서부로 가축처럼 끌려가는 과정을 그린 병사 존 버넷(John Burnett)의 수기(手記)이다. 존 버넷이 80세 되는 생일에 이웃 어린아이들을 모아놓고 들려준 이야기이다.

체로키 족이 추방당할 때, 그들을 호송하는 임무를 띤 병사가 직접 겪은 생생한 체험담을 수기로 써서 후세들에게 전해 준 살아 있는 역사이다.

필자 존 버넷(John Burnett)은 체로키 족이 강제 이주당할 때 제2연대 아브라함 중대 소속의 기마 병사였다.

제목은 「눈물 젖은 길」(The Trail of Tears)이다.

"아이들아! 1890년 12월 11일은 나의 생일로, 오늘 나는 80세가 되었다. 나는 1810년 12월 11일 테네시 주 스히반 군에 있는 킹스

철공소에서 태어났다. 나는 샛강에서 고기잡이와 숲 속에서 사슴·곰·멧돼지·늑대 등을 사냥하면서 자랐다. 나는 작은 사냥칼과 작은 낫을 허리에 차고 고독하게 수주 동안을 자연 속에서 홀로 방랑한 적이 많았다.

여행 중에 나는 많은 체로키 인디언들을 만나 사귀며 함께 사냥하고 밤에는 그들의 캠프, 모닥불 옆에서 노숙하기도 하였다. 나는 그들의 말을 배웠고 또 그들은 동물 추적법, 사냥, 기구, 덫 놓는 기술 등을 가르쳐 주었다.

1829년 가을, 숲 속에서 사냥하고 있을 때 유랑중인 사냥꾼들의 총에 맞은 체로키 족의 한 청년을 우연히 발견하였다. 그는 경사진 바위 틈에 숨어서 추적자들에게 잡히지 않고 용케 살아남을 수가 있었다.

그는 과다한 출혈로 힘을 잃어 걸을 수도 없었으며 목말라 죽어가고 있었다. 나는 그를 샘으로 업고 가서 상처를 씻겨 주고 총 맞은 상처를 싸매 주었다. 그리고 밤나무 껍질을 벗겨서 피난처를 지어 주었다. 밤과 사슴고기를 먹이며 돌보자 그는 기운을 차리고 걸을 수 있게 되었다. 그를 체로키 사람들이 사는 마을로 데려다 주었다. 그곳에 오랫동안 머물러서 실종된 것으로 소문이 났다. 그때 나는 소총 사격의 명수가 되었으며, 활도 비교적 잘 쏠 수 있었고, 덫으로 짐승을 잘 잡을 수 있는 사람이 되어 매일 숲 속에서 사냥을 하면서 지냈다.

그들과 여러 날을 보내면서 많은 인디언들을 알게 되었고, 또 그들 언어에도 유창하게 되어 1838년 5월 스모키 마운틴 군에 통역관으로 가게 되었다. 그리하여 나는 미국 전쟁사에서 가장 잔인한 명령을 강제로 집행하는 장면을 목격하는 증인이 될 수 있었다. 나는 체로키 족들이 집에서 체포되어 총검으로 위협당하며 뾰족한 말뚝을 세워서 울타리로 만든 수용소로 끌려가는 것을 보았다. 그리고 1838년 10월, 차가운 가랑비 내리는 새벽에 그들은 가축처럼 645대의 마차에 실려 서쪽으로 추방당하게 되었다.

인간이라면 누구나 그 슬프고 장엄했던 그 아침의 일을 잊을 수가 없을 것이다. 추장 존 로스(Jhon Ross)가 기도하고 나팔소리가 울려 퍼지자 마차들은 출발하였다. 그때 정든 고향산천과 영원히 헤어지게 되었다는 것을 안 아이들은 소리지르고 발을 구르며 작은 손을 흔들고 눈물을 흘렸다. 그들의 대부분은 담요도 없는 상태에서 맨발로 강제로 끌려나왔다.

얼어붙은 차가운 빗물과 무섭게 눈보라 치는 11월 17일 아침부터, 목적지에 도착한 1839년 3월 26일까지 체로키 족의 고난은 실로 끔찍하고 지독하였다. 그 추방의 길은 죽음의 길이었다. 그들은 밤에 마차에서, 혹은 맨땅 위에서 불도 없이 자야했다. 나는 하룻밤 사이에 22명이 치료도 받지 못하고 폐렴으로, 감기로, 혹은 담요도 없이 얼어죽는 것을 보았다.

그 중에는 기독교인이었으며, 우아한 부인인 추장 존 로스의 아내도 있었다. 고상하고 인정 많은 여인은 병든 어린아이를 살리려고 한 장밖에 없었던 자신의 담요를 아이에게 덮어 주고 희생되었다. 그녀는 살갗을 에이는 겨울 밤에 얇은 옷을 입은 채 바람이 새어드는 마차에서 얼음 비와 눈보라를 맞으며 폐렴으로 신음하다가 그레그스 중위의 안장용 담요를 베고 죽었다.

나는 체로키 족들과 함께 서부로 가는 긴 여행에서 그들의 고통을 덜어주기 위하여 사병으로서 할 수 있는 최선을 다하였다. 야간경비 근무 때 내 구역을 여러 번 순찰하면서 병든 아이들을 따뜻하게 해주려고 웃옷만 입고 외투는 벗어 덮어 주었다.

추장 로스의 부인은 내가 야근하는 날 밤에 세상을 떠났다.

심야 근무가 다른 병사로 교대되었으나 나는 돌아가지 않고 추장 로스에게 안타까운 조의를 표하고 마차 옆에 머물러 있었다. 낮이 되자 맥클렌 대위가 도중에 죽은 다른 불운한 사람들과 같이 그녀를 묻으라고 지시했다. 그녀는 관도 없이 고향에서 멀리 떨어진 어떤 길가에서 자그마한 무덤으로 남았다. 그리고 아무 일도 없었다는 듯이 마차행렬은 계속되었다.

나는 청년이었으므로 젊은 여자들이나 소년들과 자유로 교제할 수 있었다. 잠자야 할 시간에도 그들과 즐거운 시간을 많이 가졌다. 그들은 나에게 그들의 산 노래를 여러 번 불러주었다. 나의 친절에 대하여 보답할 길은 그것밖에 없었기 때문이다. 1838년 10월부터 1839년 3월 26일까지, 인디언 소녀들과 교제하면서 나는 부도덕한 소녀를 한 명도 보지 못하였다. 그들은 친절·온순하고 다정다감했으며 아름다웠다.

서부로 가는 여정에서 내가 겪은 유일한 갈등은, 말을 채찍질할 때 사용하는 회초리로 쇠약하고 늙은 체로키 노인을 매질하면서 마차에 몰아넣는 잔인한 마차 운전사 벤 맥도날과의 문제였다. 모진 매를 맞고 부들부들 떨고 있는, 눈도 보이지 않는 그 체로키 노인을 보는 것은 나에게 참을 수 없는 고통이었다.

나는 맥도날이 더 이상 매질을 못하게 중지시키려고 하였는데, 그것이 그만 싸움이 되고 말았다. 그가 나의 얼굴을 때렸는데, 회초리

끝에 달린 철사가 볼에 깊은 상처를 냈다. 그때 나에게는 사냥하러 다닐 때부터 항시 허리띠에 차고 다니던 작은 손도끼가 있었다. 순식간에 맥도날은 의식을 잃고 현장에서 쓰러졌다.

나는 그 일 때문에 구속감시를 받게 되었으나, 군기의 기수였던 헨리 불록 소위와 엘카나 밀라드 병사가 현장을 본 증인이 되어 맥클렌 대위에게 사실을 보고한 덕택으로 재판에 회부되지는 않았다. 그로부터 몇 년 후에 나는 라일 중위와 기수 불록을 브리스톨에 있었던 존 로빈슨스 쇼에서 만났다. 불록은 나에게 아직 군사재판이 미결상태인데 언제까지 재판을 미룰 것인가 알고 싶다고 농담을 건넸다.

서부를 향해 계속되었던 그 길고 고통스럽던 여정은 스모키 산맥 언덕에서부터 오클라호마에 설치한 서부의 인디언 지역에 이르기까지 4,000개의 말없는 무덤을 남기고 1839년 3월 26일에 끝났다. 백인들의 탐욕이 체로키 원주민들이 겪어야 했던 모든 고난의 원인이었다.

1640년 페르디난드 데소토가 원주민 지역을 여행한 후부터 체로키 원주민들의 본거지인 스모키 산 어느 지역에 좋은 금광이 있다는 전설이 떠돌았는데, 나는 그 전설을 사실로 생각한다.

1829년 이카타에서 행해진 크리스마스날 밤 축제에서 나는 금으로 보이는 목걸이로 장식한 인디언 소녀와 함께 춤을 추고 놀았다.

1828년 워드 개울가에서 살던 인디언 소년이 백인 상인에게 천연 금괴를 판 일이 있는데, 그 천연 금괴가 체로키 족의 멸망을 결정했다. 얼마 안 가서 그 지방은 그 나라의 법적 소유자인 인디언의 권리를 무시하고 자기들이 정부의 관리라고 주장하는 무장한 산적들에게 유린당하였다. 그들이 범한 죄는 문명에 대한 모독이었다. 금에 굶주린 산적들의 총에 맞아 처참하게 죽임을 당했고, 땅은 빼앗겼으며, 집은 불타고, 주민들은 쫓겨났다.

추장 쥬날루스카(Junaluska)는 앤드류 잭슨(Andrew Jackson) 제7대 대통령을 개인적으로 알고 있었다. 쥬날루스카는 체로키의 꽃 같은 정예부대 500명의 장정을 거느리고 35명을 전사시키면서 호스 슈(Horse Shoe) 전투에서 잭슨을 살려준 일이 있다. 그 전투에서 쥬날루스카는 잭슨을 죽이려고 달려드는 북미의 강력한 크릭(Creek) 원주민 용사의 머리를 전부(戰斧)로 찔러 죽였다(그때 잭슨은 원주민 토벌 작전하러 나왔던 사령관이었다.).

추장 존 로스는 체로키 족의 보호와 서부 이동 중지를 청원하기 위하여 쥬날루스카를 사절단 대표로 잭슨 대통령에게 보냈다. 그러나 자기의 생명을 구해 준 이 건장한 산림의 사나이에 대한 잭슨의 태도는 냉담했고 쌀쌀하였다. 잭슨은 쥬날루스카의 호소를 들었다. 그리고 나서 잭슨은 무뚝뚝하게 "접견은 끝났습니다. 그러나 내가 당신을 위하여 할 수 있는 일은 없습니다."라고 대답하였다. 체로키 족의 파멸은 결정되었던 것이며, 워싱턴 정부는 체로키 족을 서부로 추방하고 그들의 땅을 백인들에게 양도하라는 포고령을 내렸다. 그리고 1838년 5월 4,000명의 정규군과 3,000명의 자원병은 윈휠드 스코트(Winfield Scott) 장군 지휘하에 체로키의 나라로 진군하여 미국 역사에서 가장 잔악한 페이지를 기록하게 되었다.

들에서 일하던 남자들은 체포되어 뾰족한 말뚝을 나란히 세워서 만든 울타리 안에 감금되었다. 집에 있던 부인과 처녀들은 알아들을 수도 없는 말을 하는 백인 병사들에게 끌려나왔다. 어린아이들은 부모와 따로 수감되어 하늘을 이불 삼고 땅을 베개로 삼아야 했다. 나이 많은 쇠약한 노인들조차 예외는 아니어서 총검에 찔려가며 수용되었다.

어느 집에선 밤사이에 어린애가 죽어서 곰가죽으로 만든 의자 위에 누워 있었다. 여자들은 그 어린애를 묻으려고 준비하고 있었다. 그런데 그들은 어린 시체를 내버려둔 채로 모두 쫓겨나야 했다. 그 어린 시체를 누가 묻었는지 나는 아직도 모른다.

또 다른 집에선 과부로 보이는 어떤 가냘픈 어머니가 어린애 셋을 데리고 살고 있었는데, 한 아이는 갓난아기였다. 그 엄마는 아이들을 무릎 앞에 모아 놓고 공손한 기도를 드린 후에 오랫동안 같이 살았던 강아지의 머리를 쓰다듬으면서 "충성스럽던 강아지야, 잘 있어라." 이별하고 갓난아기는 등에 업고 두 어린애의 양손을 붙잡은 채 집에서 쫓겨 나왔다. 세 아이를 데리고 가기에 엄마는 힘에 부쳤다. 심장마비가 엄마를 고통에서 구원해 주었다. 갓난아기를 등에 업고 양손에 아이를 잡은 채 엄마는 죽고 말았다.

호스 슈 전투에서 잭슨 대통령의 목숨을 구해 주었던 추장 쥬날루스카는 이 광경을 바라보았다. 그의 뺨에선 눈물이 쉴새없이 흘러내렸다. 기독교인이었던 그는 모자를 벗어들고 하늘을 쳐다보면서 기도하기를 "오! 나의 하나님, 만일 제가 호스 슈 전투 때에 지금 내가 알게 된 사실을 알 수만 있었더라면 미국역사는 달리 기록되었을 것입니다." 하고 한없이 울었다.

무력한 인종에게 범한 범죄의 극악성을 1890년인 현재 우리 어린이들이 충분히 이해하기에는, 체로키 원주민들의 강제적인 이주가 있었던 때부터 시간이 충분히 지나지 않았다. 더군다나 젊은이들에게 그 사실이 은폐되었다. 현재의 학생들은, 백인들이 금에 대한 탐욕을 만족시키려고 무력한 인종들의 땅을 총칼로 빼앗았고, 그 땅 위에 우리가 살고 있다는 사실을 모르고 있다.

후세 사람들은 이 글을 읽고 범죄행위를 비난할 것이다.

스코트장군에 의하여 강제로, 원주민 추장과 그의 어린 자식들을 총살한 나와 같은 병사들과 네 명의 체로키 족은 상관의 명령에 복종해야만 했다는 것을 이해해 주기를 바란다. 우리에게는 선택의 자유가 없었다.

체로키 족이 서부로 강제 이주당한 때부터 25년 후, 토마스 대령의 지휘하에 남부 동맹군(南部 同盟軍)의 군복을 입고 있는 많은 체로키인들을 만날 수 있는 기회가 있었다. 그들은 졸리코퍼에 진을 치고 야영하고 있었다. 그들의 대부분은 서부로 끌려갈 때 아주 어린 소년들이었다. 그들은 즉시 나를 알아보고 자기들에게 잘해 주었던 군인이라고 기뻐하였으며, 나는 그들의 말로 그들과 대화하며 즐거운 하루를 보냈다. 그들에게서 1863년인 그때의 추장 존 로스가 아직도 그 지방의 통치자라는 소식도 들었다. 나는 1890년인 지금도 그가 살아있을까 하고 생각할 때가 있다. 그는 고결한 마음을 가진 사람이었으며 종족을 위하여 많은 수난을 겪은 분이었다.

기를 꺾기 위하여 침략자들은 그를 체포하여 한동안 더러운 감방에 가두기도 했으나 끝까지 굴복하지 않고 그는 민족에게 진실하였고, 추방 길에 오를 때도 기도로 이끌었다. 그의 크리스천 아내는 폐렴으로 앓고 있던 소녀를 구하기 위하여 자기의 생명을 바쳤다. 병든 소녀를 위하여 한 장뿐인 담요를 주고 자기는 희생된 고상한 행위를 영구히 기념하기 위하여 후에 앵글로색슨 족이 큰 기념탑을 세웠다. 소녀는 회복되었으나, 로스 부인은 스모키 산에 있는 고향 집에서 멀리 떨어진 곳, 표시도 없는 무덤 속에 잠들어 있다.

스코트장군이 체로키인들을 이주시키기 위하여 침공하였을 때, 소수의 체로키인들이 피신하여 산 속 깊이 또는 굴속으로 숨어서 붙잡히지 않았는데 아직도 그들의 후손들이 그 지역에 살고 있다. 나는 오랫동안 그들을 만나보려고 하였으나 한 해 한 해 연기하다가 지금은 쇠약해져서 멀리 갈 수가 없게 되었다. 빠른 세월이 오고 가서 노인이 되어 버렸으나 내 총이나 칼이 체로키의 피로 얼룩진 적은 없다고 진심으로 말할 수 있다.

그들이 친구가 필요할 때 나는 그들을 위하여 최선을 다했다고 진심으로 말할 수 있다. 그들이 서부로 이주당하고 25년이 지난 후에도 나는 '우리들에게 잘해 주었던 병사'로 지금도 그들의 기억 속에 살아 있다. 그러나 남몰래 살금살금 숨어 다니는 악한들에 의한 살인이나, 힘찬 군가에 보조를 맞추어 전진하는 군복을 입은 군인들에 의한 살인도 엄연한 살인이다.

1838년 여름 원주민 국토에서 강처럼 흘러내렸던 인디언의 피에 대하여 누군가가 설명하여야 한다. 누군가가 체로키 족이 추방되어 지나간 길을 표시하고 4,000개의 말없는 무덤에 대하여 설명하여야 한다.

나는 이제 모든 것을 다 잊고 살고 싶다. 그러나 645대의 마차가 수난에 신음하는 사람들을 짐처럼 싣고 얼어붙은 땅 위로 가던 모습은 아직도 뇌리에 선연하다.

훗날 미래의 역사가로 하여금 그들의 한숨, 그들의 눈물과 또 그들이 죽어가면서 신음하고 울부짖던 슬픈 이야기를 말하게 하여

라. 또 이 지상의 위대한 심판자인 신에게 우리가 저지른 행동을 저울질하게 하고 우리가 한 일에 따라 보상케 하여라.

아이들아! 내가 약속한 나의 생일 이야기는 이렇게 끝난다, 오늘 1890년 12월 11일.

이 이야기는 여러 부족이 여러 번에 걸쳐서 추방되었을 때에도 끝까지 추방을 거부하던 체로키 족이 백인 정부군의 총칼 앞에서 어쩔 수 없이 강제 이주당한 모습을 생생하게 묘사하고 있다.

지금 오클라호마주 일대에 살고 있는 4만여 명의 체로키 족들은 그때 4,000리 길을 끌려가서 그곳에서 살아남은 그들의 후손들이다. 그리고 지금 체로키 지역에 남아 있는 사람들은 '인디언 이주령'에 응하지 않고 숨어서 기적적으로 살아남은 체로키 족의 후예들이다.

전술한 바와 같이 17세기에 아메리카 신대륙으로 이주한 청교도들은 처음에는 정복자처럼 오지도 않았고, 세도 내지 않고 셋집에

황금에 눈이 멀어 서부로 달려가던 기독교인들은 '개척 정신'이란 말로 자신들의 비열한 과오를 은폐하려 한다.
그들은 욕망에 사로잡혀 하나님의 이름을 더럽히며 살육과 약탈에 몰두하였다.
청교도의 역사는 다시 쓰여져야 한다.

들어오는 사람들처럼 가난하고 초라한 피난민 차림으로 왔다. 그러나 그들은 일단 교두보를 확보하자 무력으로 인디언들의 땅을 침범하였다. 이것이 소위 미국의 '프론티어 정신'으로 미화된 것이다. 인디언들의 기름진 땅을 빼앗고 그들을 소탕하면서 황금 노다지를 쫓아 서부로, 서부로 달리던 기독교인들이 자기들의 침략정신을 이른바 개척정신의 발휘로 표현한 자화자찬이다.

이와 같이 정든 고향 산천에서 수천 년 동안 부족사회를 이루어 나름의 문화를 유지하며 살아오던 인디언들은 황무지 서부로 쫓겨가야만 했다.

기독교인들은 인디언을 쫓아내고 땅을 빼앗은 것을 강제적인 몰수나 침략행위가 아니라 하나님의 축복으로 해석하였다. 청교도들은 빼앗은 땅에서 원주민들을 죽이거나 추방하고, 그들의 신앙을 부정했다. 그리고 자기들의 신앙의 자유를 누릴 수 있게 된 것은 하나님의 축복의 결과이기 때문에 옳은 일이며 또 당연한 일로 간주하였다.

이러한 방법으로 유럽의 침략자들은 콜럼버스가 도착한 1492년부터 약 400년 동안에 유럽의 4배 이상이 되는 북중남미 전체의 침략에 성공하고 자기들이 원하는 나라를 건설하였다. 그후 그들은 지상에서 가장 부유한 경제권을 형성하게 되었으며 가장 강력한 군사력을 구축하고 세계질서를 좌우할 정도로 성장하였다.

그 과정에서 1억에 가까운 원주민들이 희생당했다고 주장하는 백인 학자도 있다.[101] 콜럼버스가 오기 전에 북아메리카의 원주민 인

---

101) Stannard, op. cit., p. 151

구는 1,500~1,800만 명이었고, 북중남미 원주민의 총 인구 수는 약 1억 4천 5백만이었다.[102] 그런데 그가 들어온 후부터 유럽의 침략자들이 약 300년 동안 원주민들을 살해하여, 1890년도 북미 인구통계에 의하면 원주민 인구는 25만 명뿐이었다.[103] 또 그들이 300년 동안에 증가하는 인구를 총 합산해 보면 희생자의 수가 얼마나 많을까를 짐작할 수 있다. 이러한 인류의 대학살을 주동한 자들은 도대체 어떤 종류의 인간들일까?

이것은 히틀러가 학살한 유대인보다 몇십 배가 되는 엄청난 숫자인데, 극소수의 양심적인 학자들을 제외하고는 아직까지 아무도 인정하지도 않고 문제삼지도 않는다. 그 이유는 어디에 있을까?

유럽이나 러시아에서 독재자들에게 희생당한 사람들은 주로 유대인들과 백인들이었다. 만일 북중남미와 유럽과 러시아에서 학살당한 사람들과 다른 점이 있다면, 그것은 인종과 종교일 것이다. 히틀러나 스탈린에게 학살당한 사람들을 위해서는 국가 원수들까지 찾아가서 추모하고 학살자들을 비난하며 재판까지 하면서, 왜 북중

---

102) Ibid., pp. 11, 341. 현대의 전문가들이 제시한 것과 같이 콜럼버스 일행이 도착하기 전에 북중남미에서 살던 원주민 인구가 1억 4천 5백만 정도였다. 만일 유럽의 기독교인들이 그들을 무차별 학살하고 생태계를 파괴하지 않았더라면 원주민들의 현재 인구가 얼마나 되었을까 하고 생각지 않을 수 없다. 자기들의 욕망 때문에 하나님의 이름으로 기독교인들이 저지른 죄악이다. 어떠한 일이 있어도 민족이나 문화가 허울 좋은 명목, 즉 종교나 사상 또는 선진문화의 이름으로 말살당하는 일은 이 지구상에서 다시 일어나서는 안 될 것이다. Ibid., pp. 11, 268, 342. 또 인간의 추악한 욕망을 감춰주고 그러한 잔인한 살상과 침략정복까지 축복해 주고 변명해 주는 종교는 인류사회에 필요없다는 것을 인류는 하루 속히 깨달아야 할 것이다.

103) 富田, op. cit., pp. 163~164 참조.

남미에서 희생당한 원주민들을 위해서는 찾아가는 사람도 없고 학살자를 비난하는 사람도 없으며 그들의 한에 맺힌 억울한 영혼을 달래주는 추모행사도 없는가? 전지전능하신 우주의 심판자는 왜 아직까지 이 사건을 심판하지 않는 것일까?

세계평화나 정의구현을 주장하고 자유평등을 외치는 선진국 사람들이, 특히 학살과 침략으로 성공한 사람들과 그 자손들이 이러한 문제에 대해 진지한 사과와 명확한 설명을 하지 않고 있는 한 인류사회에 진정한 정의나 공평성을 기대할 수 있을 것 같지 않다.

나라를 잃어버린 이스라엘 민족이 약 1,900년 만에 독립을 쟁취하고 나라를 재건한 역사나, 제2차대전 후에 전범재판이나 보상과정을 보면 원주민들도 할 말이 있을 뿐만 아니라 희망이 있다고 할 수 있지 않은가? 그들도 천 몇백년을 더 기다려야 하는지는 알 수 없으나 인류사회에 공정성이나 정의가 있다면 언젠가는 그들에게도 희망이 현실로 이루어져야 하며 그들의 엄청난 희생에 대한 정당한 보상이 있어야 하지 않겠는가? 그렇지 않다면 십자군의 후예들과 유대인들만 하나님의 은총과 배려를 받게 되어 있단 말인가?

비록 1924년부터 원주민들도 법적으로는 미국시민이 되었지만, 문제는 살아남은 원주민들의 자손들은 현재도 침략자들의 후손에 의하여 공정한 대우를 받지 못하고 있다는 사실이다. 원주민들이 침략자들과 체결한 조약도 성실하게 시행되지 않고 있으며, 원주민들은 아직도 3등 국민생활을 면하지 못하고 있다.

이대로 가면 원주민들은 영구히 수용소 생활을 면하기 어려울 것이며, 백인 지배자들과 동등한 대우를 받고 다같이 잘 살 수 있게 되리라는 희망은 거의 없는 것 같다.

그 이유는 어느 인간사회에서도 경제나 교육면에서 평등한 기회와 대우가 없는 한 정치적인 공정성이나 기회균등의 기본권이 보장될 수 없기 때문이다. 그러한 사회에 진정한 민주주의가 있을 수 없고 법의 보편성이 보장될 수 없다. 정의구현이 불가능한 사회에 진정한 평화나 화목이 있을 수 있겠는가?

미국의 이러한 구조적인 모순과 정치적·경제적·법적·문화적 그리고 인종적 부조리는 독립 후 220년 동안에도 해결하지 못한 국내의 현실 문제들이다.

이 모든 것이 청교도들의 힘으로 달성한 미국 건설이 남긴 후유증이다. 원래의 주인인 원주민이나 흑인노예들의 후손들을 위해서뿐만 아니라 기독교인들의 양심과 신앙, 즉 하나님의 가르침의 실현을 위하여 반드시 해결해야 할 문제들이다.

XIII. 청교도들의 미국 건설의 대가 : 정복과 멸망

많은 청교도들이 북미대륙에서 그들의 안전한 삶과 신앙의 자유를 위하여 생명을 걸고 투쟁한 점이나 식민지 창설을 위하여 혼신을 다한 것은 부정할 수 없는 사실이다. 위대한 나라 미국 건설을 위하여 지불한 그들의 대가가 컸다는 것도 전설적이다.

그러나 그들에게는 새로운 나라를 창조한다는 기쁨과 성공할 수 있다는 희망이 있었고, 노력과 희생은 소수를 제외하면 충분한 보답이 주어졌다. 그러한 가능성과 희망 때문에 더 많은 유럽인들이 너나 할 것 없이 정든 고향 산천을 버리고 보따리를 들고 미주지역

미국의 수도 워싱턴에서 시위를 벌이는 원주민 ; 생존권을 위한 투쟁

으로 이주해 온 것이다.

그들은 새로운 삶과 자유를 찾아 신대륙으로 왔으나 그러한 유럽인들의 인구 증가가 곧 원주민들에게는 불행을 가져왔다. 청교도들의 행복은 곧 원주민들의 불행이었으며, 청교도들의 세력 확장은 곧 원주민들의 세력 약화와 멸망으로 이어졌다. 침략자들의 기쁨은 곧 원주민들의 슬픔이 되었고, 침략자들의 희망은 곧 원주민들의 절망을 의미하였으며, 청교도들의 신앙의 자유는 곧 원주민들의 신앙의 부자유 즉 강제적인 개종과 종교 탄압이었다.

이미 지적한 바와 같이 청교도들이 미국이라는 나라를 건설하는 데 지불한 가장 고귀하고 소중한 대가는 돈이나 물건으로 환산할 수 없는 수많은 원주민들의 피땀(생명)과 그들의 땅이었고, 자손 대대로 노예생활을 당한 흑인들의 희생이었다. 그러나 수백 년 동안 자행된 온갖 비인간적인 학살과 학대 이상의 대가는 없었다.

유럽에서 온 사람들과 그 가족의 자유나 행복은 결국 원주민들과 흑인들의 불행과 희생을 대가로 이루어졌다. 나라를 빼앗기고 문화와 신앙까지 빼앗긴 원주민이나 흑인 노예들에게는 유럽에서 온 이민들이 모두 침략자였으며, 착취자였고, 가해자였다. 자유를 잃은 원주민들과 흑인 노예들은 모두 피해자들이었으며, 망국 실향민(亡國 失鄕民)들이 되고 말았다.

이러한 엄청난 대가와 희생 없이는 오늘의 미국이라는 나라는 이루어질 수 없었다. 미국 남부의 농장은 물론 북중서부의 공장이나 광산도 대부분 오랫동안 노예와 값싼 유색인종 노동자들에 의하여 유지되어 온 사실이 이를 증명하고 있다.

미국의 국부인 조지 워싱턴이나 독립선언문을 기초한 제3대 대통령 토마스 제퍼슨도 노예 소유자들이었다. 제퍼슨은 독립선언문에서 인간의 평등권과 인권의 불가침성을 그렇게도 아름답게 표현한 사람이다. 그러나 그는 당대의 누구 못지않게 흑인이나 원주민들을 싫어하고 차별하였다고 하니 그들의 사고방식이 어떠한 것이었으며, 그들이 주장한 기본적인 인권이나 민주주의가 무엇을 의미하는가를 짐작할 수 있다. 그러한 사람들이 건설한 나라가 미국이다.

간단히 요약하면 속죄나 반성 또는 사과의 말 한마디 없이 수많은 사람들을 죽이고 대륙을 강탈하여 건설한 미국 성공담의 이면에는 애매하게 학살당한 수많은 시체와 피눈물과 한이 있었다는 사실을 인류는 잊어서는 안 된다. 땅과 생명을 빼앗긴 원주민들이나 노예들은 물론 저임금에 시달리면서도 연명하기 위하여 어쩔 수 없이 끌려 다닌 노동자들이, 경영자나 힘으로 빼앗아서 소유주가 된 살인마들보다 더 많은 대가를 치렀다는 사실이다.

이와 같이 엄청난 피해자와 가해자가 있는데 왜 그렇게도 오랫동

아메리카 원주민은 하나님의 어린양이 아닌가?
기독교인들은 스스로가 '신에게 선택된 우수한 인종' 이라는
독선을 가지고 있는데, 그렇다면 세계2차대전을 일으켜
수많은 사람들을 살해한 독일의 히틀러가 가진
'게르만 민족의 우월성' 과 무엇이 다른가?

안 인류의 양심과 역사는 심판을 게을리 하고 진실을 외면하고 있는가? 그것은 기독교인들이 자기들의 신앙, 자기들의 사고방식, 자기들의 가치관이나 자기들의 생활방식만을 표준화하여 타인종·타민족의 문화나 종교 또는 사고방식이나 생활양식은 다 잘못된 것이라고 단정하고 배척하는 독선적인 사고방식에 기인하였다. 그것은 또 자기들만이 신의 가호를 받고 선택된 우수한 인종이라는 우월주의에 기인한 편견에서 유래한 죄악이다.

유럽에서 온 천주교도들이 중남미에서 보여준 바와 같이, 북미에 온 청교도들도 전세계 어느 곳에 가든지 타인종·타민족의 종교를 인정하지 않았으며 그들의 생활양식을 멸시하고 배척하였다. 다른 인종이나 민족을 야만인·미개인·후진국인 등의 이름으로 명명하면서 타인종·타민족을 무시하고 경멸하였다. 아프리카의 흑인들뿐만 아니라 북중남미의 원주민들이나 동양인들을 오랫동안 차별·멸시해 왔다.[104] 수천 년 동안 기독교의 뿌리를 만들어 낸 유대인들도 유럽의 기독교인들로부터 불평등한 차별과 희생을 강요당하였다.

---

104) 「뉴욕 타임스」와 「로스앤젤레스 타임스」의 보도에 의하면, 지난 1997년 12월
22일 멕시코의 남부에 위치한 치아파스(Chiapas) 주에 있는 악틸(Acteel) 시에

서 45명의 원주민들이 학살당했으며 31명이 부상당했다. 학살당한 원주민들은 주로 여자들과 어린아이들이었다. 인권운동가들과 교회의 경고도 있었으나 부패한 경찰이 무시했으므로 지난 70일 동안에 무려 15번이나 참사가 계속되었는데, 크리스마스 직전에 45명의 대학살로 확대된 것이라고 한다. 이번 사건에는 멕시코 군만 사용할 수 있는 A K-47 자동 라이플 총까지 폭력배들이 사용하였다고 한다. 누가 그런 총을 제공하였을까?

이와 같은 문제의 근본적인 뿌리가 얼마나 깊고 크다는 것은 현 주지사 세사 루이즈(Julio Cesar Ruiz Ferro)가 지사로 취임한 1995년 2월 이후 1,500명 이상의 원주민들이 정부 여당과 관련이 있는 정치깡패들에 의하여 학살당하고 있다는 사실이 증명하고 있다. 그 뿌리는 멕시코에서 막강한 세력을 과시하고 있는 군에 인권문제 담당관을 두자고 제안한 프란시스코 장군(Gen. Jose Francisco Gallardo)을 잡아서 4년 이상 형무소에 감금해 두고 있는 군과, 프란시스코 장군의 석방을 지지하는 연방재판소 판결과 미대륙의 인권위원회의 지지에도 불구하고 계속 감금시키고 있는 대통령의 배후 세력이라고 한다.

1995년 6월 궤에레로(Guerrero) 주에서 일어난 아구아스 블랑카스 학살(Aguas Blancas Massacre) 사건 때는 반대당에 소속한 비무장 농민 17명을 주경찰이 잠복하고 있다가 사살하였다. 현장을 촬영한 비디오까지 나타났으며 당시의 주지사 휘게로아(Ruben Figueroa Alcocer)의 명령에 의하여 주정부의 경찰이 행동한 증거까지 대법원이 발견하였는데도 불구하고 누구도 주지사의 책임을 묻지 않았다고 한다.

아무 관련이 없다는 정부의 주장이 사실이라고 하더라도 정부가 방관하는 이러한 일이 정부요직에 있는 사람들에 의하여 당당하게 계속 일어나고 있는 사실은 원주민들의 인명은 에르난도 코르테스(Hernando Cortes)가 멕시코를 처음 침략 정복했을 때나 지금이나 별로 다름없이 가볍게 처리된다는 증거인 것 같다.

여자들과 어린애들까지 죽이는 것을 보면, 옛날이나 지금이나 변함없는 것은 원주민들의 후손을 없애 버리려는 의도이다. 후손의 단절은, 곧 그들의 멸종을 의미하기 때문이다. 그렇게 무참하게 멸종당한 사람들의 재산, 특히 땅을 탐내는 사람들이 누구이겠는가? 이번 사건이 일어난 직후에도 5,000명 이상의 원주민들이 정든 고향 산천을 버리고 피난갔다고 한다.

이러한 학살계획을 사전에 알고 있었거나 직접 관여하고 무기를 제공한 혐의로 악틸(Acteel) 시의 시장 하신토 아리아스(Jacinto Arias Cruz)와 상당수의 지방정부 관계자들까지 포함해서 40여 명이 이미 체포되었으며, 시정부뿐만 아니라 주정부와 연방정부가 배후에 있다는 주장까지 나와 연방정부의 검찰이 정부와 집권 여당의 관련 여부를 조사하고 있다고 한다. 그러나 조사를 받고 있는 사람들이 어떤 처벌을 받을 것인가는 두고 보아야 할 것 같다. 특히 대통령이 임명한 검찰총장이 조사를 직접 지휘하고 있다면 얼마나 철저하고 중립적인 조사가 이루어질 것인가 상상하기 어렵지 않기 때문이다.

1994년 1월 1일에도 이 지역에 상존하는 마야 족 원주민 농부들이 조직한 자파티스타(Zapatista) 게릴라부대가 원주민 인권투쟁을 선언하고, 비무장 비폭력 투쟁을 시작하였다가 삽시간에 145명이 학살당하고, 멕시코 연방정부군과의 휴전협정으로 전면전투는 종식되었다. 그러나 지난 3년 동안에 자파티스타 지지파와 정부를 지지하는 정치적 폭력배들과의 충돌로 적어도 150명이 희생되었다. 전직 대통령 시대도 이러한 사건에 정부 여당이 관련되었다는 의혹이 제기되었었는데, 이번에 사건을 일으킨 문제의 폭력배들은 현 대통령의 정당과 관계가 있다는 의혹을 받고 있다.

역사적으로 이와 같은 원주민들의 항쟁은 유럽의 백인들이 원주민들의 국토를 침략하고 빼앗은 이래, 그 규모나 이유는 때와 장소에 따라 다소 다르지만 산발적으로 북중남미 지역에서 계속되어 왔다. 여기서 주목할 일은 백인 침략이 시작된 초기와 같이 현재도 때때로 원주민들이 서로 총을 겨누는 비참한 현상이 백인들이 제공한 무기와 계략으로 계속되고 있다는 사실이다. 그러나 이것은 자기 나라에서 3등 국민 생활을 하고 있는 원주민 농부들이 통치권을 행사하는 1등 국민 백인들에 대한 끊임없는 항쟁 속에서 일어나는 비극 중의 하나이다.

이러한 상황에서 원주민을 보호하고 있는 것은 일반대중들의 강력한 항의밖에 없었다고 「로스 앤젤레스 타임스」에 기고한 글에서 알렉산더 콕번은 지적하고 있다. *New York Times*, 1997년 12월 27일, p. A 27 ; Ibid., 1997년 12월 28일, p. Y 4 ; bid., 1998년 1월 3일, p. A 1~6 ; Ibid., 1998년 1월 4일, p. Y 5 ; Ibid., 1월 8일, p. A 4 ; *Los Angeles Times*, 1994년 8월 14일, pp. M 1~2 ; Ibid., 1997년 12월 28일, p. A 11 ; Ibid., 1998년 1월 4일, pp. A 1, 8, M 2, 6 ; Ibid., 1998년 1월 5일, p. B 5 ; Ibid., 1998년 1월 7일, p. B 9 ; Ibid., 1998년 1월 8일, pp. A 12, B 9 ; *Time*, Vol. 151, No. 1, 1998년 1월 12일, pp. 58~5 참조.

결론

1600년대에 북미지역에 약 600개의 원주민족이 있었는데 현재는 약 279개 족[105] 정도만 남아 있다고 한다. 미국 내에 거주하는 현재의 원주민 인구는 약 180만이라고 하나 17세기부터 약 300년 동안에 유럽인들에 의하여 적어도 수천만 많게는 1억 이상의 원주민이 억울하게 생명을 잃었다고 한다.[106]

청교도들은 선량하고 순박하고 사랑에 넘치고 정직했던 원주민들에게 양자택일의 기회도 주지 않고 일방적으로 말살 작전을 펴왔다. 그리고 교회에 모여 승리를 축하하고 하나님께 감사찬양을 올렸다. 살인범들이 교회에 모인 것이다. 교회는 살인자들이 모인 집단이 된 셈이다.

하나님께서는 살인자들의 예배를 용납하셨을까? 교회에 정의는 있었는가? 청교도들에게 양심은 있었는가? 그들에게 믿음과 찬송과 기도는 있었으나 없는 것이 하나 있었다면, 그것은 예수의 정신이었다. 예수의 정신이 없었던 청교도들은 야욕과 치부 앞에 두 눈이 가려져 예수는 보이지 않았다. 그들의 눈에 보인 것은 오직 땅뿐이었다.

동시에 유럽인들에 의하여 15세기 말부터 약 400년 간에 약 1,500만 명의 흑인 노예가 아프리카에서 납치당했다고 한다. 그리고 약 150만 명 이상의 흑인 노예가 배에 실려 가는 도중에 죽었다고 기

---

105) Grant, op. cit., p. 323
106) Stannard, op.cit., pp. 151, 305 참조.

록되어 있다.[107] 히틀러가 살상한 유대인들보다 훨씬 더 많은 숫자이며 더 악독한 죄악이었다.

어느 면으로 보아도 15세기 이후의 기독교인들은 11~12세기의 십자군들보다 더 지독하고 잔인한 죄악을 인류에게 범했다. 이러한 사람들이 누구보다도 더 강력하게 자유와 평화를 보장하는 민주주의를 주창하고 평화를 사랑하는 선진국 사람들이라고 자칭해 왔으며, 지난 600여 년 동안 자기들의 마음대로 세계를 주도해 온 것도 사실이다. 뿐만 아니라 현재는 물론 앞으로도 상당 기간 그럴 가능성이 크다.

그러나 청교도들이 도착한 날부터 원주민들은 자기 나라에서 침략자들에 의하여 짐승 이하의 대우를 받게 되었고, 미국이 독립하던 날부터 그들은 영원한 망국 실향민(亡國 失鄕民)이 되어버렸다. 돌이킬 수 없고 보상받을 수도 없는 억울한 피해를 입고 학살당한 원주민들이나, 아프리카에서 잡혀와서 노예로 시달리다가 죽어간 흑인들의 영혼이라도 위로해 줄 수 있는 가해자들의 마음의 자세와 인간성을 언제나 기대할 수 있을까?

만일 그것도 기대할 수 없다면 십자군과 청교도들의 전통과 정신으로 세계 정복의 길에 오른 기독교인들이 또 자기들 마음대로 자기들이 원하고 자기들에게 유리한 새로운 세계질서를 만들어서 앞으로 인류에게 또 어떤 잘못을 범할 것인지 두려워하지 않을 수 없다. 물론 그들이 달성한 선진문화나 고도로 발달한 과학기술 문명은 찬양 받을 만한 것이지만, 동시에 그로 인해서 야기된 공해, 국

---

107) Meyer, 猿谷 監修, op. cit., p. 20.

가간의 빈부의 차, 생태계 파괴, 가공할 살상무기의 독점 등을 볼 때 그들이 인류 전체에 좋은 결과를 가져 왔다고 평가할 수는 없다. 왜냐하면 정의나 형평성 없는 신세계 질서하에서 미래의 인류가 치러야 할 대가가 더 클 것이며, 잘못하면 그들이 인류의 말세를 자초할 수도 있기 때문이다.

제10장

인류 구원의 종교

I. 인류를 구원할 수 있는 종교는 존재하는가?

개혁 교회를 대표하는 인물 사도 바울

우리가 하나님께서 너희로 악(惡)을 조금도 행하지 않게 하시기를
구하노라 이는 우리가 옳은 자임을 나타내고자 함이 아니라
오직 우리는 버리운 자 같을지라도
너희로 선을 행하게 하고자 함이라 (고후 13 : 7)

나의 형제 곧 골육의 친척을 위하여 내 자신이 저주를 받아
그리스도에게서 끊어질지라도 원하는 바로라 (롬 9 : 3)

인류를 구원할 수 있는 종교는 과연 어떤 종류의 종교라야 할 것
인가? 이는 인류의 생존을 위하여 해결하지 않으면 안 될 중차대한
문제 가운데 하나이다. 또 이것은 아무리 강조하여도 지나침이 없
는 심각한 문제이다.

현존하는 수많은 세계의 종교 가운데 과연 인류를 구원할 수 있는
종교는 있는가? 있다면 어떤 종교인가? 만일 없다면 이는 인류의
비극이 아닐 수 없다. 그렇다면 종교 무용론자들의 주장이 설득력
을 발휘할 시대가 오고 있는지도 모른다.

인류 사회는 지금 참된 사랑, 행복, 번영, 정의, 평화와 희망 등을
향하여 나아가고 있는가? 아니면 그 반대로 인류의 종말을 눈앞에
두고 정의가 없는 사회 속에서 불행, 불신, 공포, 투쟁, 전쟁을 향하
여 전진하고 있는가? 이 두 질문에 대한 대답이 위의 문제를 판가름
하는 열쇠가 될 것이다. 독자들은 여기에서 전자라고 생각하는가,

아니면 후자라고 생각하는가? 인류사회는 과연 어느 쪽을 향해 가고 있다고 보는가?

미래학자들의 견해를 종합하면 인류 종말의 원인은 다음과 같이 지적할 수 있다.

(1) 오존층 파괴, 즉 지구의 온난화 현상으로 인한 자연 파괴와 환경오염

(2) 핵 및 생화학 무기를 사용하는 전쟁

(3) 천체와의 충돌

(4) 에이즈와 같은 면역 없는 병균의 확산 등등

이는 설명할 필요도 없이 독자들도 이미 잘 알고 있는 상식이다. 위의 네 가지 중에서 어느 한 가지만 발생되어도 인류는 멸종의 위기에 빠질 것이다. 이러한 상황하에서 인류가 지구상에서 생존할 수 있는 기간은 과연 얼마나 될 것인가? 200년? 500년? 1,000년?

가장 시급한 문제는 환경오염이다. 오존층 파괴와 환경오염은 계속되고 있고, 전술한 인류의 종말을 재촉하는 조건들은 포위망을 점점 더 좁혀 오고 있다. 그러면 인류의 생존기는 과연 얼마나 남았을까? 공룡이 약 1억 5,000만 년 동안 생존한 데 비하면 인류의 생존기는 불과 400만 년도 안 된다. 예견된 생존기의 장단은 종말론 학자에 따라 차이가 있으나 종말이 오고 있다는 견해에는 대체로 의견의 일치를 보이고 있다.

그 동안 인류는 지상의 동물은 물론 수중의 동물들과 어류 등을 닥치는 대로 포획·남획하여 멸종시켜 왔다. 뿐만 아니라 오랫동안 패거리를 지어 죽이고 죽는 살육의 역사를 되풀이해 왔다. 피부색이나 인종 또는 민족이 다르다는 이유로 반목하고 문화, 특히 종교

차로 싸우면서 살아왔다. 실로 인간은 이 지구상에 서식하는 동물 중에서 가장 잔인하고 교활하며 악질적인 동물임에 틀림이 없다. 그러면서도 인류는 만물의 영장이라고 자만하고 문명과 발전이라는 이름으로 지구촌의 생태계를 계속 파괴하고 있다. 21세기를 맞이한 현 시점에서 종말론은 더욱 현실적으로 다가오고 있다.

지금까지 지구상에 쉴새없이 발생했던 수많은 전쟁의 원인을 조사하면 크게 네 가지로 구분할 수 있다.

첫째는 경제적 충돌, 둘째는 정치적·문화적 충돌, 셋째는 민족·인종간의 충돌, 넷째는 종교적 충돌이다. 첫째 번부터 셋째 번까지의 충돌은 UN, NATO, OECD, WTO 등의 국제조직이 조절하고 억제할 수 있을지 모르지만 넷째 번 충돌은 막을 길이 없다.

지구촌에서 발생했던 대부분의 전쟁에 종교적 요인이 내포(內包)되어 있었다는 사실을 감안하면 인류의 미래는 암담하다고 볼 수밖에 없다. 예를 들면 1993년에 지구촌에 발생했던 대소 전쟁 수는 53개였는데 그 중 48개가 종교 충돌이었다.[1]

「Response」지 4월호에 의하면, 1998년 현재 지구촌에는 종교와 인종 분쟁으로 1천 6백만 명이 자기 나라를 떠나 국경을 넘어 타국으로 피난하였으며, 2천 6백만 명의 난민들이 자기 나라 안에서 뿌리 뽑힌 삶을 살고 있다고 한다. 예를 들면 라이베리아(Liberia) 인구 중 50~80%가 삶의 터전을 잃고 이곳저곳을 유리하고 있으며, 르완다(Rwanda)에서는 1984년도에 50만 명이 학살되고 200만 명이 월경했다고 한다. 문제는 이러한 처참한 학살 사건에 일부 성직

---

1) 「미주복음신문」, 1996년 12월 15일 발행, 924호.

자들이 가담하고 있다는 사실이다.

이와 같이 종교는 세계 평화를 위협하는 가장 큰 요인 가운데 하나이다. 종교 간에 서로 대립·배척하고 분쟁이 이어지기 때문에 협력이 어려울 뿐만 아니라, 각 종교의 신앙·교리·가치관의 차이와 혼동 때문에 필연적으로 일어나는 갈등은 인류의 생존을 위협하는 심각한 요인이 되고 있다. 다시 말하면 정치·경제 등 모든 분야에서는 인류가 한 가족이 될 수 있어도 종교에서만큼은 하나의 가족이 될 것 같지 않다. 뿐만 아니라 종교적 대립의 강도는 세월이 갈수록 더 한층 심화되어 가고 있으므로 21세기는 「종교 문화의 충돌 시대」가 되리라고 예견하는 학자도 있다.[2]

이러한 것들은 무엇을 의미하는가? 인류가 지금까지 믿어 온 종교들이 인류를 구원하기에 역부족(力不足)임을 보여주는 증거가 아닌가? 인류를 구원할 수 있는 위대한 종교가 인류를 선도했더라면 오늘 우리는 이러한 종말의 위기를 맞지 않게 되었을 것이다. 인류는 창조주께서 주신 자연을 유지하지도 못하고 파괴 일로를 달려왔다. 그리고 인류의 역사를 「파괴의 전쟁사」로 만들어 피로 물들인 사실을 누가 부정할 수 있겠는가? 그러면 종교는 인류에게 무엇을 주었는가? 인류는 인류 구원의 종교를 가지고 있는가?

사실 지금까지 인류가 가지고 있었던 세계의 종교 가운데 극소수

---

2) 하버드 대학 교수 사무엘 헌팅턴은 21세기 첫 25년은 서방세계에 도전하는 회교권과 중국문명권의 관계는 적대적 대결이 되어 세계 도처에서 폭력 충돌이 발생할 것이라고 경고하고 있다. 「한국일보」 1997년 11월 3일 발행. 전술한 바와 같이 회교권과 기독교권, 그리고 유대교와 회교 간의 충돌도 서서히 그 징조가 보이고 있다.

를 제외하고는 거의가 다 인류에게 사랑·구원·평등·평화·행복·번영 등을 주기보다는 도리어 위선·기만·차별·박해·대립·분열·반목·적대·약탈·살상·전쟁·불행·고통 등을 가져다 준 원인이 되어 왔다. 인류 사회의 비극의 가장 큰 근본 이유의 하나는 실로 여기에 있었다. 이 지구촌에 존재하는 많은 기성종교 가운데 '인류 구원의 종교는 있는가?

II. 인류는 언제까지 종교 충돌의 위협 속에서 살아야 하는가?

 기독교는 교리의 차이뿐만 아니라 인종·민족·문화 등의 이유로 인간을 차별하였으며, 타민족·타종교·타종파·타문화를 배척하고 적대시하면서 인류 사회를 분열시키고 지배해 온 가장 크고 대표적인 종교이다. 북중남미에서의 노예 제도와 원주민 학살과 침략 등이 실례이며 지금도 북아일랜드에서는 신·구교 간의 종교전이 계속되고 있다.

 최근에 유고슬라비아에서 발생했던 민족 간의 전쟁도 사실은 종교적 갈등이 더 큰 요인으로 작용했다. 즉 회교국가들은 회교국인 보스니아를, 천주교는 천주교계인 크로아티아를, 희랍 정교와 동방정교는 정교계인 세르비아를 지원하였다. 그 결과 세르비아의 기독교인들은 복음 전파라는 미명하에 피를 섞어서 정화한다는 구실로 보스니아계 회교도 부녀자들을 성폭행하였다.

 기독교인들이 회교도 부녀자들을 성폭행하면 그들이 기독교인의

영화 「아름다운 시절」
교파·교리의 차이는
오랜 친구조차도
원수로 만들어 버린다.
인간을 위한 종교인가,
종교를 위한 인간의 희생인가?

네 이웃을 사랑하라?

성스러운 피로 인하여 죄 씻음을 받을 수 있으며 구원의 백성으로 개조될 수 있고, 또 그로 인하여 태어나는 자녀들은 기독교인이 될 수 있다는 논리에서 나온 행동이었다고 한다. 그러한 논리에서 여러 기독교인 남성들이 윤간하여 성은을 베풀었다고 한다.

그 기독교인들은 강간 행위는 많으면 많을수록 더 많은 복음 전파가 되고 하나님께 영광이 된다는 믿음을 가지고 있었다. 즉 하나님의 영광을 위하여 기독교인들은 복음 전파라는 미명하에 열성을 다하여 성폭행을 자행했다.

만일 그러한 기독교계 세력이 전세계를 지배한다면 전세계 인구의 2/3나 되는 비기독교인 부녀자들은 모두 그런 기독교인들의 피해 대상이 될 수도 있다는 논리이다. 그렇게 되면 기독교는 피로 정화하고 강간으로 복음을 전파하는 종교가 될 것인데, 그래도 그러한 기독교만이 진정한 신앙과 구원을 보장하는 유일한 종교라고 주장할 수 있을까? 세계 인구의 절대 다수인 비 기독교인들은 이것을 어떻게 해석하고 받아들일까? 상상해 보았는가?

물론 전세계의 기독교인들이 다 그렇지는 않다. 또 기독교인들이 그런 잔인한 행동을 지지하지도 않았다. 그런 짓을 비난하고 반대로 회교도들을 도와준 기독교인들도 적지 않다는 사실을 우리는 알고 있다.

그러나 일부의 기독교인들이 그러한 행동을 할 수 있었다는 것은 기독교가 타종교·타인종을 이방인 취급하고 스스로만이 선민임을 자처하도록 교육해 왔다는 증거가 된다. 그러한 우월감과 독선적인 배타성을 가진 기독교가 땅 끝까지 이르러 세계를 정복한다면 인류의 미래는 어떻게 될 것인가? 상상만 해도 소름끼치는 이야기이다. 그러한 기독교가 지금도 입을 열기만 하면 '세계 선교', '인류 구원'을 외치고 있으니 이는 인간의 이성과 종교의 기만과 죄악이 교차하는 아이러니가 아닐 수 없다.

예수는 십자가를 지는 고통을 겪으시면서도 적을 용서하셨다. 그런데 기독교는 예수의 용서와 사랑의 가르침은 다 잊어버리고 기독교인 이외는 모두 적대시하고 살인으로 대응한 적이 있다. 즉 "타종교인은 죽여야 한다."는 것이었다. 죽음과 순종 가운데 하나를 택하라고 강요한다. 정복자인 천주교인에게 순종하면 살 수 있고 거역하면 이단으로 처형하겠다는 것이었다. 이것이 천주교가 4세기 중반부터 지금까지 걸어온 발자취였음을 부정할 수 있는가?

청교도들에게 정복당한 아메리카 원주민들은 그들이 강요하는 기독교를 받아들이면 생존할 수 있었으나 거부할 때는 박해를 받거나 살상되었다. 중남미를 침략한 천주교도들과 다를 바가 없었다. 이처럼 기독교는 타종교와 공존의 여지가 없는 종교였다. 이렇게 타종교·타종파와 공존할 수 없다면 결국 기독교는 인류를 괴롭히고 살상을 일삼는 종교로 남아 있을 수밖에 없다는 증거가 아닌가?

이러한 상황에서 과거의 종교사를 뒤돌아본 세계 종교인들은 근래에 와서 타종교와의 관계를 새로이 모색하고 있다. 그런 견지에서 지금 도처에서「종교통합운동」혹은「세계종교협회」등이 여기저기서 깃발을 올리고 있다. 굳게 문을 닫고 있던 천주교도 제2바티칸공의회 후부터는 이에 동참하기 시작했다.

이러한 운동은 전적으로 찬동할 만하다. 그러나 그 열매는 기대하기가 어려울 듯 싶다. 왜냐하면 그들의 운동은 각 종교가 자기들의 교리는 모두 다 그대로 고수하고 있으면서 다만 대화를 통하여 서로의 대립 분쟁을 피하고 공존공영하면서 공동선을 향하여 함께 전진하자는 하나의 외교행위에 불과하기 때문이다.

그러므로 그들이 어떤 회의를 열고 어떤 결의를 하여도 별로 기대할 바가 못 된다. 그런 방법으로 각 종교는 일시적이고 또 피상적인 대립 분쟁은 피할 수 있을지 모르나 영구적인 공존공영은 불가능하다. 왜냐하면 그들의 독선과 배타의 교리는 경우에 따라 언제든지 폭발할 수 있기 때문이다.

예를 들면 기독교와 유대교가, 그리고 회교와 불교가 그들의 교리를 그대로 고수하면서 하나가 될 수 있겠는가? 마찬가지로 기독교와 회교가, 혹은 기독교와 힌두교가 하나가 될 수 있겠는가? 인도와 파키스탄 간의 힌두교 대 회교전쟁이 그칠 날이 있을까? 이스라엘의 유대교와 PLO의 회교와의 복수전이 그칠 날이 있을까? 매우 어려운 일이다. 각 종교가 현존하는 그들의 교리와 사고방식을 고수하는 한 종교통합운동은 요원하다. 그러나 그 동기와 노력은 찬양받을 만하다.

인류의 평화와 공존공영을 위해서 모든 종교가 먼저 자기의 독선 배타적인 교리를 포기하거나 수정하는 결단이 없으면 종교간의 대화는 물론 어떤 종교통합운동, 어떤 종교협회도 무용지물이라는 것을 지적해 둔다. 그것은 다만 '눈감고 아웅' 하는 것일 뿐이다.

진정 종교의 대립 분쟁이 인류 생존의 운명을 좌우할 수 있다는 심각성을 안다면 모든 종교는 눈을 뜨고, 가슴을 열고, 두 손을 들고 나와야 할 것이다. 이러한 혁명적인 결단과 개혁이 없으면 종교는 과거의 수치스런 역사를 되풀이할 수밖에 없을 것이다. 그러면 인류는 종교 때문에 일어나는 분쟁과 고통 속에서 계속 신음하게 된다. 이러한 종교가 인류 사회에 더 필요할 것인가? 인류가 종교를 위하여 생존하는 것이 아니고 종교가 인류를 위하여 존재하는 것이라면 그러한 종교가 과연 필요할까? 만일 필요하다면 누구를 위한 종교인가? 종교 무용론자들의 주장이 설득력을 갖는 이유가 바로 여기에 있다.

III. 기독교가 타종교와 공존공영하는 일의 장애물은 무엇인가?

인류가 살아남으려면 어떤 명분을 내세우더라도 민족과 인종과 국경을 뛰어넘을 수 있는 종교가 필요하다. 인류 구원의 종교는 보편성이 있어야 한다. 한 민족이나 한 인종의 이익과 번영만을 주장하고 추구하는 종교는 타민족·타인종을 차별하고 배척하기 때문에 인류 전체를 위한 종교가 될 수 없다. 그러한 종교는 타민족·타인종·타종교인을 적대시하고 유사시에는 타민족·타인종·타국민에게 더욱 잔인한 행동을 하게 된다. 이는 국경이나 민족과 인종의 장

벽을 초월할 수 없기 때문이다.[3]

지금까지 기독교가 타종교와 공존하기 어려웠던 가장 큰 이유 중의 하나로 천주교 편에서는 교황의 베드로 계승권이었고,[4] 개신교 편에서는 주로 「사도행전」 4장 12절의 문제였다고 할 수 있다.

"다른 이로서는 구원을 얻을 수 없나니 천하 인간에 구원을 얻을 만한 다른 이름을 우리에게 주신 일이 없음이니라."

이는 베드로의 간증이다.

베드로가 이 간증을 하기 전에 당시 세계의 그 많은 종교를 모두 비교·연구한 후에 그러한 결론을 내렸다고 볼 수 있을까? 베드로는 어부였다. 성경에 자세한 기록이 없어서 단언할 수는 없으나 그는 아마 거의 문맹에 가까운 어부였을 것이다. 그가 알고 있었던 세계는 중동 일대와 로마뿐이었고 아메리카 대륙은 물론 인도·중국 등 동양의 존재는 미지의 세계였을 것이다. 하물며 그가 인도와 중국의 종교를 연구한다는 것은 상상조차 할 수 없다.

그런 배경을 가진 베드로는 세계 어떤 곳에 무슨 종교가 있는지 없는지도 모르는 사람이었을 것이다. 그는 그 국한된 세계 안에서 자기들이 주창(主唱)하는 예수의 종교를 박해하고 억압하던 극소수의 타종교만을 다소 알고 있었을 것이다. 왜냐하면 당시의 유대

---

3) 제2차대전 중에 민족 종교를 가지고 있던 일본군이 저지른 중국에서의 남경 30만 학살사건이나 타민족을 대상으로 생체실험을 하거나 타민족 여성들을 위안부로 삼은 잔인한 사건 등과 또 「구약성경」에 기록된 여호수아의 가나안 전멸작전 등이 그 좋은 예이다.

4) 교황권 문제는 본서 "제5장 로마 천주교의 존재는 인류사회에 도움이 되었는가?"에서 다루었으므로 여기서는 베드로의 간증만을 다룬다.

사회에는 '종교'라는 단어조차도 없었기 때문이다.

하나님께서 타종교에도 구원의 도리를 주셨는지 알지도 못하고, 조사도 연구도 하지 못한 그가 구원은 오직 기독교에만 있다고 간증한 것은, 그 시대에 사교로 천대받고 있던 예수의 도를 천하에 전파하기 위한 방법과 그의 사고방식으로는 있을 수 있는 독단이라고 할 수도 있다. 그러나 지금 우리는 그의 처지와 환경을 뒤돌아보면서 그의 간증을 액면 그대로 받아들일 수 있을까 하는 문제를 제기하지 않을 수 없다. 하나밖에 모르는 사람에게 있어서 그 하나는 절대화될 수밖에 없었던 경우를 우리는 가끔 보아왔기 때문이다.

만일 우리가 베드로의 간증을 액면 그대로 받아들였다고 가정해 보자. 그러면 그 성경 구절 하나를 수호하기 위하여 기독교와 타종교와의 공존공영은 불가능하게 된다. 베드로의 간증을 따라 타종교를 사교로 멸시하고 적대시하며 기독교만을 절대화한다면 그런 정책은 마침내 종교전으로 이어질 수밖에 없기 때문이다. 그리고 기독교는 그 수많은 종교들과의 쉴새없는 종교전으로 인류를 괴롭히고 인류의 종말을 자청하는 종교가 될 것이 분명하다. 그것은 기독교를 예수 없는 기독교, 사랑도 계명도 없고 계시록의 살인자의 무서운 형벌도 모르는 종교로 전락시키는 결과를 가져올 것이다. 기독교는 실로 베드로의 간증을 수호하고 실천하기 위해서 어떠한 희생이 뒤따르더라도 감수하고 나아가야 할 것인가? 혹은 그 반대인가?

그러면 이제 우리는 이 문제를 해결하기 위하여 다음과 같은 두 가지 질문을 제시해 보자.

첫째, 종교와 인류의 공존을 위하여서는 베드로의 간증(행 4:12)

을 재해석할 것인가?

둘째, 베드로의 간증을 하나님의 말씀으로 믿고 그것을 수호하기 위하여서는 종교전이 일어나서 인류의 종말을 재촉하는 한이 있을지라도 하나님의 말씀을 좇아서 그대로 믿고 나가야 할 것인가?

다시 말하면 베드로의 간증 한 구절이 더 중요한가, 인류의 생존이 더 중요한가? 이 두 가지 질문 중에서 독자들은 어느 편을 택할 것인가?

종교가 인간을 위하여 존재하는 것이지 인간이 종교를 위하여 생존하는 것은 아니다. 만일 기독교가 인간을 위하여 존재하는 종교라면 첫째 질문을 옳다고 해야 한다. 사람이 안식일을 위하여 있는 것이 아니고 안식일이 사람을 위하여 있는 것이라고 가르치시고, 원수도 사랑으로 대하신 예수는 이 두 가지 중에서 어느 편을 택하실 것인가? 너무도 자명한 일이다. 하나의 성경 구절이나 교리 때문에 인류의 생존이 위협받을 수는 없다. 그러므로 「사도행전」 4장 12절은 베드로의 개인 간증으로 받아들이고 재해석하는 것이 모든 면에서 적절한 주석이 될 것 같다.

IV. 각 종교의 독선적이고 배타적인 교리는 인류사회에 도움이 되었는가?

기독교라는 종교는 독선과 배타성 때문에 타종교와는 물론 기독교 내의 자기 파 안에서까지 끼리끼리 흩어지고 분열되어 하나가 될 수 없는 종교가 되고 말았다. 기독교가 과거에 걸어 온 역사가 이를 사실(史實)로 증명하고 있다는 것을 기독교는 겸허하게 받아들여야 한다.

예를 들면 한국의 장로교는 제2차세계대전(1945년) 전에는 하나의 교파뿐이었으나, 그후에는 기독교와 예수교로 분리되었고, 또 예수교 안에서도 통합과 합동으로 분리되었는데, 약 50년 후인 지금 현재 정부에 등록된 교파 수만도 128개나 된다. 그러나 실제로는 200개를 넘었을 것이라고 하며, 교파 수는 계속 증가일로에 있다. 이것도 지금까지의 기독교가 하나가 될 수 없다는 것을 보여주는 산 증거이다.

전세계의 기독교 교파 수는 약 25,000여 개라고 전술한 바 있다.[5] 마치 세포 분열처럼 신속하게 분열하는 이 악순환을 기독교는 직시하여야 한다.

물론 세계의 거의 모든 종교들은 독선, 배타의 교리를 가지고 있다. 즉 절대 다수의 종교들이 구원은 오직 자기 종교에만 있고 타종교엔 없다고 주장하고 있다. 이 독선적·배타적인 교리 때문에 종교들은 공존공영할 줄 모르고 지금까지 한없는 종교전을 계속해 왔다. 그렇다면 과연 그런 주장은 유효한가? 또 그런 종교들의 존재가 인류사회에 도움을 주었는가? 이 문제를 조명하기 위하여 다음과 같은 논리를 전개해 본다.

(1) A 종교의 주장 : "구원은 우리 A교에만 있고 타종교엔 없다."
(2) B 종교의 주장 : "구원은 우리 B교에만 있고 타종교엔 없다."
(3) C 종교의 주장 : "구원은 우리 C교에만 있고 타종교엔 없다."

---

5) Barrett, op. cit., p. 824.

(4) D 종교의 주장 : "구원은 우리 D교에만 있고 타종교엔 없다."

위에서 제시한 각 종교들의 주장을 종합해 보면 다음과 같은 결론이 나올 수 있다. 첫째, "구원은 ABCD 모든 종교에 다 있다."는 논리가 성립된다. 둘째, "구원은 ABCD 모든 종교에 다 없다."는 논리도 성립된다. 셋째, 그렇기에 "구원은 모든 종교에 있을 수도 있고 없을 수도 있다."는 결론이 성립된다. 즉 모든 종교의 주장은 성립될 수도 있고 안 될 수도 있다는 것이다. 다시 말하면 모든 종교에 구원이 있을 수도 있고 없을 수도 있다는 말은, 즉 진리가 아니고 자기 기만이며 궤변이라는 뜻이다.

이와 같이 종교인들은 자기들의 종교와 신권을 만들어 놓고 의도적으로 구원은 오직 자기 종교에만 있다고 믿는 자기 도취증과 궤변에 입각하여 타종교의 발전을 저지시키거나, 혹은 사교·이단·미신이라는 등의 악선전으로 타종교를 말살하는 데 주력해 왔다. 그것은 오직 자기가 믿는 종교를 통해서 인류 사회를 독점 지배하려는 야욕에서 나온 것이다. 이러한 야욕을 가지고 출발한 종교인들이 타종교와의 마찰을 피할 수 없었던 것이 종교의 과거사(過去史)이다.

그러한 논리하에서 각 종교에 포섭당한 신도들은 물론 성직자들도 구원은 오직 자기 종교에만 있다는 독선적이고 배타적인 교리를 절대화하고 그 절대화된 것만을 추종할 수밖에 없는 일종의 변태가 되어 버린 것 같다.

그 변태가 된 성직자들은 각 신학교에서 각각 변태 신학생들을 양성하는 데 여념이 없었다. 그들의 눈은 언제쯤 트일 것인가? 인류 생존을 위하여 심각한 문제가 아닐 수 없다. 그러나 지금도 그들은 눈뜬 자들을 오히려 이단시하고 배신자로 낙인 찍고 있다. 인류는 그런 맹신자들 때문에 얼마나 더 고통 속에서 신음해야 하는가? 오직 그런 변태 신도들만을 생산하는 데 주력해 온 모든 종교들은 이제 회개하고 혁명적인 개혁에 솔선 수범해야 한다. 인류는 종교의 속박에서 해방되는 날 참된 평화를 기대할 수 있기 때문이다.

이와 같이 종교들은 제각기 이러한 궤변을 가지고 인류 사회를 분열시키고 인류를 괴롭혀 왔다. 그러나 이제부터는 그 인위적인 궤변을 중지하고, 배격하던 타종교를 존중하면서 공존공영의 길을 모색하여야 할 것이다. 그리고 협력하여 공동선의 목표를 향한다면 그때에야 비로소 인류에게 도움을 줄 수 있는 종교로 거듭 날 수 있을 것이다. 이것이 인류도 살 수 있고 종교도 살 수 있는 유일한 길이다.

세 예수

여기에 「코리안 저널」지에 실렸던 예화를 하나 요약, 소개한다.

어떤 정신병원에 자기가 예수라고 주장하는 세 사람이 있었다고 한다. 병원의 정신과 의사가 세 사람을 한 방에 모아 놓고 잠시 자리를 떴다.

이때 첫째 사람이 자기는 '하나님의 아들 독생자인 예수'라고 소개했다. 그러자 그 옆 사람이 크게 웃더니 "그런 거짓말은 하지도 마소. 어떻게 당신이 예수란 말이오? 내가 진짜 하나님의 아들 예수인데, 당신이 예수라면 독생자가 둘이란 말이오?" 하고 반박했다. 이번에는 세번째 사람이 크게 한탄하면서 말했다. "여기에는 웬 정신병자들이 이렇게 많은가? 미쳐도 정말 더럽게들 미쳤군. 진짜 예수는 난데, 나 외에 어디 또 다른 예수가 있을 수 있단 말인가!" 하고 자신의 독존을 과시하면서 그들과는 자리를 같이 할 수 없다고 자리를 떴다고 한다.[6]

이는 정신병원에서만 있을 수 있는 이야기가 아니다. 지금 이 세상에도 이와 비슷한 정신병자들이 얼마나 많은가? 그 수많은 각종 종교인들은 각각 주장하기를 자기들의 종교만이 인류 구원의 유일한 참 진짜 종교이고, 그 밖의 모든 종교는 구원을 가져다 줄 수 없는 거짓 종교라고 주장하고 있지 않은가? 자기만이 진짜 예수라고 주장하고 있는 셈이다. 병원의 정신병자들과 하등 다를 바가 없지 않은가?

여기에 기독교인과 회교도와 힌두교인, 세 사람이 한자리에 모였다고 상상해 보자. 기독교인이 먼저 서슴없이 기독교만이 전능하신 여호와 신을 믿는 유일한 구원의 참 종교요, 모든 타종교는 구원 없는 가짜요 미신이라고 성경을 펴들고 주장한다.

이 말을 들은 회교도는 큰 소리로 비웃으며 반격에 나선다. "그런 거짓말은 하지도 마소. 어떻게 기독교가 구원을 가져다 주는 유일한 종교란 말이요? 과거 십자군 전쟁 때 당신들이 전능자라고 믿고 있는 그 여호와 신이 우리 알라 신 앞에 꼼짝 못하고 굴복한 것도 모르오? 진짜 구원의 참 종교는 우리 회교뿐이오" 하며 그는 코안경을 치켜들고 흥분해서 어쩔 줄 몰라 하며 강력하게 주장한다.

이번에는 세번째로 힌두교도가 크게 한탄하면서 말한다. "여긴

---

6) 「코리안 저널」, 1999년 2월1일 발행, 이상봉, 존재의 근원, p. 18.

웬 정신병자가 이렇게 많은가. 다들 미쳐도 정말 더럽게 미쳤군! 진짜 구원의 종교는 우리 힌두교뿐인 것을 모르고……. 이런 미친 자들과 내가 같이 있을 수 있겠나." 하고 자리를 뜬다.

자기 종교에만 구원이 있고 모든 타종교는 사교요 미신이요 가짜라고 믿고 주장하는 종교인들은, 자기만이 진짜 예수라고 주장하는 정신병자와 무엇이 다를까? 그런 사고를 가진 종교인들은 서로가 불신하고 대립 분쟁하여, 인류는 마치 고래 싸움에 등 터지는 새우처럼 지금까지 희생양이 되어 온 것이 사실이다. 이러한 종교만이 존재하고 있는 지구촌에 참된 평화가 있을까?

만일 이러한 독선 배타적인 종교가 이 지구상에 없었더라면 인류는 훨씬 더 행복한 삶과 평화를 누렸을는지도 모른다. 이와 같이 모든 종교는 겉으로는 사랑·자비 등을 외치고 있으면서도 실제로 종교는 인류에게 무엇을 가져다 주었는가? 인류는 종교들의 분쟁과 대립 속에서 언제까지 신음해야 할 것인가? 그러한 종교들로부터 해방될 날은 언제인가?

신은 존재의 궁극적인 근원을 지칭하는 언어의 표현이다. 어떤 지방·어떤 부족·어떤 시대엔 그 존재의 근원을 「여호와」라고 불렀고, 어떤 지방·어떤 부족·어떤 시대엔 「알라」라고 불렀으며, 혹은 범(梵)·천(天) 등으로 불렀을 것이다. 따라서 그들의 신을 위한 예배 방식도 경전(經典)도 서로 다를 수밖에 없었다. 다시 말하면 궁극적 존재에 대한 명칭·특징·개념 등에 관하여 제한된 선을 긋거나 우열을 가려서는 안 된다. 이런 것을 깨닫지 못하고 자기 종교의 우월성만을 주장한다면 위의 세 정신병자들과 다를 바가 무엇인가 하고 묻고 싶다. 종교인들이 이 간단한 도리를 깨닫지 못하는 한 인류의 평화와 소망의 실현은 난감한 일이 아닐 수 없다. 인류의 종말을 가늠하는 열쇠는 실로 여기에 있기 때문이다.

   루소의 『민약론』에 나오는 이야기를 하나 더 소개한다. 프랑스 왕 앙리 4세는 어느날 신부와 목사를 불러 놓고 토론을 시켰다. 신부는 "구원은 오직 우리 천주교에만 있고 개신교에는 없다."고 증언하였다. 그런데 목사는 "신앙생활만 하면 구원은 개신교에도 있고 또 천주교에도 있을 수 있다."고 하였다. 이 토론을 지켜본 왕은 천주교를 택하기로 하였다. 왜냐하면 개신교를 믿으면 구원의 확률은 50%뿐이지만 천주교는 100%를 보장하기 때문이었다.[7] 그 신부는 자기가 진짜 예수라고 주장한 셈이다.

   이 토론을 분석하면, 신부는 독선 배타성을 발휘하였으나 목사는 공존공영의 여지를 보여주었다. 같은 하나님을 믿고 같은 성경을 읽으면서 구원은 오직 자기에게만 있고 타인에게는 없다고 주장하는 그 정신 속에서 예수의 정신을 엿볼 수 있는가? 그러한 독선 배타적인 교회가 인류를 구원할 수 있을까? 이와 같은 독성을 가진 종교가 인류 사회에서 서로 손을 잡고 평화로운 지구촌을 건설하는 일에 동참할 수 있을까? 우리는 인류 사회에 도움이 되지 못하는 종교가 필요한가 의문을 갖지 않을 수 없다.

멜보른 대회
   1997년 7월 28일부터 3일 동안 호주 멜보른 시에서 종교대회가

---

7) 루소, 「民約論」, 朴玉出 역, 博英社, 서울, 1982, p. 285.

열렸다. 이 대회에는 성공회, 천주교의 추기경·주교 등이 참석하였고, 개신교·불교·회교·유대교·퀘이커교·구세군 등에서 저명한 대표자들이 뉴에이지 문화를 논하기 위하여 모였던 범세계적인 회의였다.

그 대회에서 결의된 결론을 요약하면 다음과 같다.

(1) 어떤 종교든 하나의 종교만을 절대화할 수 없다. 모든 종교는 제각각의 절대적인 진리를 가지고 있기 때문이다. 그러므로 하나의 종교만을 고집하는 것은 분리주의와 독선·배타를 낳을 수밖에 없다.

(2) 모든 종교는 각기 영적 우물을 가지고 있으므로 깊이 파 들어가면 갈수록 같은 우물 바닥(동일 신, 동일 신앙)에 도달할 수 있다. 때문에 세계 종교 단일화로 새로운 세계 질서를 수립하여야 한다.

(3) 그렇게 하기 위해서는 모든 종교가 공감할 수 있는, 그리고 종교를 초월한 교육과 대화가 필요하다. 어떤 종교도 여기에서 제외될 수 없다. 그것은 마치 모든 국가가 「국제법」에 가입되어 있는 것처럼 모든 종교가 의무적으로 가담해야 한다. 이러한 운동을 2005년 6월까지 전세계적으로 가동할 계획이다.[8]

위와 같은 혁명적인 범세계 종교운동 때문에, 앞으로 모든 종교는 각각 자기 종교의 절대 유일성에 대한 심각한 도전을 받는 시대가 되었으므로 더 이상 자기 종교만을 절대화할 수 없는 시대가 오고 있다는 것을 실감할 수 있다. 다시 말하면 내 종교에 구원이 있다고

---

8) 「미주복음신문」, 1998년 9월 27일 발행, p. 10.

믿는 것처럼 타종교에도 구원이 있음을 인정할 줄 아는 새로운 신앙으로 탈바꿈할 시대가 왔음을 알려주는 신호이다. 다시 말하면 세 정신병자 예수가 정상인으로 돌아와야 할 시대가 왔음을 알려주는 신호라는 뜻이다. 즉 내 것만 진짜이고 타 종교는 가짜라는 그런 배타적인 사고에서 해방되어야 한다. 내 종교에만 구원이 있고 타 종교에는 없다고 하면 종교전은 한없이 계속될 것이며 인류는 종교전으로 자멸하게 될지도 모른다. 우리는 어떤 종교에 속하였는가가 문제가 아니고 어떻게 살아야 하는가가 문제이다. 기독교에 속해 있다고 다 구원 받을 수 있겠는가?

그러면 누가 먼저 이 길을 선도할 것인가 하는 문제가 남아 있다. 즉 어떤 종교가 먼저 이 길을 발견하고 실천에 옮길 것인가? 이것이 앞으로 세계 종교계가 풀어야 할 필수적인 과제이다. 인류의 미래가 여기에 좌우될 수 있기 때문이다. 이 과제가 풀리지 않는 한 종교 무용론자들의 설득력은 더욱 힘을 얻게 될 것이다.

V. 인류 구원의 종교

그러면 인류 구원의 종교는 과연 어떤 종교라야 하며, 또 어떤 조건을 구비하여야 하는가? 저자는 여기에 인류 구원을 위한 이상적인 종교의 조건으로 다음의 다섯 가지를 제시한다.

첫째, 성전이란 미명하에 발생할 수 있는 모든 종류의 살상이나 전쟁을 추방하고 정복자도, 피정복자도 없는 평화로운 인류 사회

건설을 목표로 하는 종교

둘째, 국적·민족·인종·피부색·빈부의 차나 문화적인 차별 없이 인류의 평등을 가르치고 실천하며 공정한 사회정의의 실천을 기원하는 종교

셋째, 모든 인류에게 특히 후진 종족에게 사랑과 진실로 협력하여 소망·믿음·행복·번영 등을 가르칠 수 있는 종교

넷째, 자기 종교의 독선·배타적인 교리를 포기하거나 수정하고, 인류와 종교의 공존공영을 위하여 타종교와 사랑으로 협력할 줄 아는 종교

다섯째, 위의 조건들을 포함하고 영적 구원과 도덕과 정의사회를 뒷받침하는 보배로운 경전(經典)을 가진 종교[9]

위의 조건을 갖춘 종교는 인류를 구원할 수 있으리라 염원해 본다. 그런데 여기서 주목해야 할 부분이 하나 있다. 다섯째의 '영적 구원' 문제에 있어서 '조건'이 있어서는 안 된다는 점이다. 인류를 구원할 수 있는 참다운 종교라면 '영적 구원'에 엄격한 조건이 없어야 한다. 종교가 엄격한 조건을 제시한다면 극소수의 극렬분자들만이 그 조건을 충족시킬 수 있을 것이며 절대 다수는 그럴 수가 없기 때문이다.

민족이나 인종을 초월하는 것은 물론 아무런 조건도 없이 누구든지(신자든지 불신자든지, 또 종교인이든지 종교인이 아니든지) 상관

---

9) 본서 "제4장 십자군(Crusades)은 하나님의 군대였는가?" 중에서 "종교가 인류 사회에 평화를 보장할 수 있는가?"를 참조할 것.

없이 창조주의 피조물인 모든 인간은 예외 없이 아무런 차별도 없이 누구나 다 원하는 자는 구원을 받을 수 있는 종교라야 한다. 그러한 종교야말로 인류 구원의 종교가 될 수 있지 않겠는가?

우리의 창조주는 진정 선한 자에게도 또 은혜를 모르는 악한 자에게도 구별 없이 꼭 같이 비와 빛을 주시는(눅 6:35) 사랑의 신이 아니었던가?

그러한 구원관을 가지고 있는 종교인은 모든 종교들과 또 모든 인간들과 서로 차별하지 않고 사랑과 선의로 공존할 수 있을 것이다. 예를 들면 예수는 국경·민족·인종·조건 등을 초월한 사랑을 보여 주었다. 또 십자가상에서 옆의 십자가에 달린 강도를 구원해 주는 장면을 보면 그는 조건 없는 사랑과 구원의 실천자였음을 알 수 있다(눅 23:42~43). 그 강도는 평생 못된 짓만을 일삼으며 살다가 십자가에 달린 그악스런 살인 강도였다. 그런 자가 죽기 직전에 예수에게 "당신 보좌에 임하실 때에 나를 생각하소서."라고 한 이 뻔뻔스럽고 염치없는 한 마디 부탁에 예수는 즉석에서 사랑으로 구원을 약속하셨다. "내가 진실로 네게 이르노니 오늘 네가 나와 함께 낙원에 있으리라."고 하지 않았는가.

이 살인 강도가 사랑과 구원을 얻는 데에 어떤 조건이나 요구사항이 필요했는가? 아무런 조건 없이 그저 무조건으로 구원을 받은 것이다. 이와 같이 예수의 사랑과 구원에는 조건이 없었다.

또 「선한 사마리아 사람」의 비유에서도 예수의 조건 없는 사랑의 도리를 찾을 수 있다(눅 10:30~37). 사마리아 사람이 강도 만난 사람을 구해 줄 때 어떤 인종인가를 먼저 확인한 후에 구해 주었는가? 어떤 종교인인가를 확인한 후에 자비를 베풀었는가? 그는 인종·종

선한 사마리아인
무조건적 구원의 손길을 펴는,
예수의 사랑을 실천하는 종교가
인류를 구원할 수 있는
유일한 대안이다.

교·문화·빈부의 차별 없이 무조건적 구원의 손길을 내밀었다. 이 무조건적 사랑의 손길은 인류를 구원할 수 있는 종교가 될 수 있다.

이처럼 예수는 아무런 조건 없이 원수까지도 사랑하고 구원하신 분이다. 그런데 기독교라는 종교는 구원의 '조건'을 엄격하게 강화하여 구원자의 수보다는 그 반대자의 수를 더 많이 만드는 데 주력하여 왔다. 이처럼 변질되어 예수의 사랑의 정신과 동떨어진 기독교는 진정 예수의 정신으로 되돌아가야 한다. 그렇게만 된다면 기독교는 인류 구원의 종교가 될 수 있는 요건을 거의 다 완비하게 될 것이다. 예수의 사랑의 정신은 인류를 구원할 수 있기 때문이다.

그러나 문제는 있다.

첫째, 기독교는 오랜 세월 동안에 예수의 정신과는 너무나 멀리 동떨어진 채로 존재해 왔다. 그 벌어진 거리를 어느 정도 좁힐 수 있을까 하는 것이 문제이다. 기독교인들의 자성과 노력이 그 어느 때보다 절실히 필요한 시점이다.

둘째, 이 작업을 누가 먼저 시작할 것인가? 누가 먼저 그 깃발을 들고 앞장설 것인가 하는 것이 기독교의 최대의 과제 가운데 하나이다. 저자는 이 작업에 동참할 수 있는 일꾼을 발굴하기 위하여 지금 이 노구에 채찍질하면서 붓을 들고 있다. 제2, 제3의 개혁자가 나타나기를 오늘도 하늘을 향하여 두 손 모아 기원하고 있다.

"예수여! 이 기독교를 당신의 피와 정신으로 새롭게 하여 인류 구원의 길을 열어 주소서."

다시 말하면 과거에 예수를 떠나 인류를 괴롭혔던 기독교가 예수께로 돌아가서 예수를 모시고 새롭게 탈바꿈하여 진정 인류 누구에게나 행복·평화·번영·희망·진실, 그리고 사랑과 구원을 주며 타종교와 공존하는 종교로 탈바꿈하자는 것이다. 이럴 때 비로소 인류의 평화와 구원의 길이 열릴 것을 확신하기 때문이다.

지금도 인류 사회에 태양처럼 빛나는 예수의 정신이 있다. 그 십자가의 사랑, 그 자비, 그 희생으로 인류를 구원하시려는 그 뜻을 기독교가 다시 확인하고 실천한다면 기독교는 인류에 대한 사명을 다할 수 있을 것이다.

인류 전체를 위하여 아무런 조건도 요구하지 않는 그런 종교의 정신이 곧 인류 구원의 종교가 될 수 있지 않겠는가?

결 론
다시 부활을 기다리며

결 론

　1. 기독교는 예수의 위대한 가르침에 그 기본적인 가치와 종교적인 근원을 찾아야 한다. 기독교는 예수께서 보여주신 그 용기·관용·자비·사랑, 그리고 희생정신을 계승하고 그의 가르침을 실천에 옮겨야 한다. 그것만이 예수의 가르침과 정신의 부활이며 참다운 복음이 될 것이다. 그것을 주장하기 위하여 이 책은 엮어졌다.

　그런데 기독교는 오랜 세월을 지나는 동안에 초기 기독교의 본질을 망각하고 시대에 따라 편리한 이유를 앞세워 예수의 교훈이나 방향과 정반대의 길을 걸어 왔다. 다시 말하면 기독교는 인자하고 거룩한 사랑의 종교로 발전하지 않고, 그 주장과는 정반대로 차별적이며 배타적이고, 공격적이며 살인적이고, 침략적인 종교로 변천해 왔다. 자기의 생명을 빼앗으려는 사람들에 의해 십자가에 달려 죽으심으로써 무저항과 사랑의 길을 보여 준 예수의 정신과 가르침을 제4세기 이후의 기독교 역사상 어디서, 어느 정도나 찾아볼 수 있단 말인가?

　기독교의 원천이며 본질인 예수의 희생정신·사랑·가르침, 즉 복음에 비하면 기독교가 남긴 역사(그 과정과 결과)는 너무나 차이가 있다. 사랑의 종교인 기독교를 믿는다는 기독교인들이, 성경을 들고 예수의 가르침이나 복음을 전달한다고 주장하면서도 어떻게 살인 무기를 앞세우고 세계를 침략 정복하려는 독선적이며 호전적인 종교인들로 전락하게 되었는가를 이 책의 결론에서 다시 한번 살펴보자.

2. 초대 기독교시대에는 어떤 이유나 목적에 관계없이 전쟁은 원칙적으로 죄악(Evil Sin)이라고 단정하고 전쟁을 반대했었다. 기독교는 예수가 죽음으로 보여준 비폭력·무저항·사랑·희생 정신으로 상징되는 종교였고, 약 300년 동안 가는 데마다 박해의 대상이 된 순수한 지하 종교였다. 기독교도들은 전쟁과 폭력을 반대하고 평화를 기원했었다.

그런데 콘스탄티누스 1세 황제가 313년에 로마제국에서 기독교를 공인한 후부터 전쟁에 관한 교리에 변화가 생겼다.[1]

서로마제국의 교회에서는 초기의 교리와 같이 상당기간 전쟁을 악으로 간주해 왔었는데, 어거스틴(Saint Augustine:354~430)시대에 이르러 '정당한 전쟁의 원인'(Just cause for war)이 있을 수 있다고 인정하고 병사들의 전쟁 참여와 살상을 수용하였다고 기록되어 있다.[2]

그후 그레고리 1세 대교황(Pope Gregory the Great:590~604)시대에는 서로마에서 신앙심이 없는 사람들이나 이단자들을 합법적으로 기독교도로 강제 개종시켜도 된다는 이론을 채택하였다.[3]

그후 8세기 후반에 일어난 프랑스의 카로링가인(Carolingian)들과 색슨인(Saxon)들 간의 전쟁 때에 정치적인 전쟁을 종교적인 전쟁으로 전환시킬 수 있도록 전쟁에 관한 개념을 바꾼 것이다.

기독교가 점차 득세하고 부유해진 후에, 회교도들의 스페인과 프

---

1) Wise, T., *The Knights Christ*(Editor, Windrow, M., Men-At-Arma Series), 1984, pp. 3~9 참조.
2) Ibid.
3) Ibid.

랑스 침략 때에는 이미 기독교의 부와 신앙 자체를 위한 전쟁을 정당화하고 로마의 교회도 전쟁을 직접 지원하게 되었다고 한다. 기독교 지도자들이 직접 병사들을 찾아가서 하나님의 일(God's work)을 위한 성전(聖戰 : holy war)에 승리하도록 기도하고, 후에는 직접 지원하고 참여하였다고 한다.[4]

이때부터 종교와 전쟁은 헤어질 수 없는 동지가 되었다. 즉 신앙 수호가 '정당한 전쟁의 원인'이 되고, '정당한 전쟁'이 곧 성전이 되었다.

결국 교리상의 변화도 있었지만 현실적인 문제의 핵심은 누가, 언제, 어디서, 어떤 이유로, 어떤 전쟁을 '정당한 전쟁'이라고 결정하고, 그것을 곧 성전이라고 할 수 있느냐로 변해 온 셈이다. 신앙이나 교회는 물론 기독교인들의 생명과 재산의 안전이나 사업, 또는 성지 순례에 방해가 되는 상대를 적으로 간주하는 모든 전쟁이 성전이 될 수 있다는 논리가 성립되었다. '신앙의 자유'에 관한 문제가 되기 때문이다. 동시에 타종교도 같은 논리로 행동할 수 있게 되었으며, 그 규모나 형태는 다르지만 현재도 그러한 의미에서 여러 가지 형태로 성전이 계속되고 있다고 할 수 있다.

3. 교황의 요청과 지원을 받고 1096년에 시작된 십자군 전쟁은 이러한 배경과 교리 변화에 그 근원을 가지고 있다고 주장하는 사학자들도 있으나, 사실은 부와 권력을 수호하고 천주교 세력의 확장을 추구하던 천주교인의 욕망에서 비롯된 전쟁이라고 할 수 있다.

---

4) Ibid.

전쟁에 관한 이러한 교리의 전환은 자기 재산과 교회의 수호도 중요한 목적의 하나였겠지만, 특히 당시의 세계를 로마 천주교회의 통치하에 두고자 하는 교황의 목적 달성을 이루기 위한 하나의 수단에 불과하였다.[5] 물론 신앙을 지키기 위한 생각도 있었을 것이다. 예를 들면 유대교 지도자들이 자기들의 종교 수호와 존속을 위하여 로마제국의 힘을 이용하여 예수를 처형한 것도 같은 이유 때문이었다.

그후 유대교·기독교·회교 간의 전쟁은 물론, 천주교와 개신교 간의 전쟁과, 힌두교·불교 등과의 종교 전쟁도 오늘날까지 여기저기서 계속되어 오고 있다. 얼마나 많은 희생이 따랐는가? 이것이 곧 독선적인 종교인들이 범해 온 잔인한 죄악이다.

4. 이러한 잔인한 종교 전쟁들을 통해서 기독교가 얼마나 많은 죄악을 저질렀는가를 밝히기 위하여 저술된 이 책이 그 사실을 얼마나 드러냈는가는 독자 여러분들이 판단할 일이다. 이미 '저자의 말'에서 명백히 밝힌 바와 같이 이 책은 기독교를 타도하기 위한 것이 아니라 기독교가 일대 개혁을 일으킬 수 있는 제안이 되기 바라면서 쓰여졌다.

5. 어떠한 일이 있어도 교회가 전쟁의 원인이나 추진력이 되어서도 안 되고, 또한 교회가 인간을 차별하고 사회를 대립 분리시키는 원인이 되어서도 안 된다는 것이 본 저자의 신념이다. 어떠한 변론

---

5) Ibid.

자나 교리가 나와도 침략이나 전쟁이 결코 하나님의 뜻이 될 수 없고, 또한 인류의 염원도 될 수 없기 때문이다.

비록 기독교가 그 창시자의 처형에서부터 피와 살상을 보고 태어난 종교라고 하여도 자기의 세력을 확장하기 위해서 학살·약탈·방화·성폭행, 맹신맹종의 강요, 종교재판, 타인종·타민족·타종교인 학대, 차별·배척, 타문화·타문명 말살, 타영토 강탈, 타인종이나 타민족의 노예화 및 예속의 강요를 위한 지배나 선교 등을 하는 것은 결코 용납할 수 없는 반 기독교적인 행위가 아니냐 하는 질문을 이 책은 던지고 있다.

독선, 차별, 배타, 배척, 학대, 폭력, 전쟁과 학살, 파괴, 방화, 침략 등을 주장하는 신을 인류가 사랑하고 믿을 수 없듯이, 그런 교리를 주장하는 성직자나 교회가 인류사회에 더 이상 존속할 수 없는 시대가 오고 있다는 것이다. 특히 하나님의 이름을 악용하는 성직자나 종교는 없어져야 하며, 또한 조만간에 없어지게 될 것이다.

6. 어떠한 일이 있어도 모든 인류가 평화롭고 화목하게 공존해야 하며, 또 동시에 모든 종교가 평화롭고 화목하게 공존해야 한다는 대전제를 반대하거나 배척하는 종교는 그 앞날이 얼마 남지 않았다. 그러한 독선적인 종교는 필연적으로 전운(戰雲)을 예고하며 인류의 장래를 암담하게 만들 수밖에 없기 때문이다.

7. 종교가 성경의 어느 한 구절이나 또는 어떤 하나의 교리를 수호하기 위하여 인명을 경시하거나, 어떤 특정 인종이나 민족만 우대하거나, 혹은 희생양으로 삼는 시대는 지나갔다. 종교가 종교 자

체를 위하여 존재하는 것이 아니고, 인류를 위하여 존재한다는 원칙을 재확인할 필요가 있다. 또 교리가 성직자나 교회를 위하여 존재하는 것이 아니고 인류를 위하여 존재해야 하며, 그것만이 인류 구원을 원하시는 하나님의 큰 뜻을 살릴 수 있는 길이 아니겠는가 하는 것을 이 책은 주장하고 있다. 다시 말하면 종교·교회·교리·성경 등은 인류를 위하여 존재하는 것이며, 인류가 그것들을 위하여 존재하는 것은 아니라는 뜻이다.

8. 하나님이 어느 특정 인종이나 민족을 선민으로 선택하였다든가, 혹은 어느 특정 인종을 선택하여 인류를 지배하고 인도하라고 하였다는 주장도 잘못된 것이다. 성경에 하나님께서 특정 민족을 편애하신 구절이 많이 나오며 또 그것을 진리인 것같이 주장하는 교회나 성직자들도 있다. 그러나 그런 것을 우리가 받아들일 수 있을 것인가? 하나님께서 그런 어리석은 결정을 내리셨다고 믿을 수 있는가?

여기서 한 걸음 더 나아가서, 인류의 미래를 위하여 보편적인 진리나 상식적인 가치관을 다시 한 번 검토해 볼 필요가 있다. 즉 강자만이 살아남고 약자는 다 죽어야 하는가? 정통만 살고 이단은 다 죽어야 하는가? 기독교인만 살고 타종교인은 다 죽어야 하는가? 그것이 하나님의 뜻이며 성경의 논리란 말인가? 강한 나라나 민족, 또는 부유한 자들만이 정의와 지혜와 모든 특권을 독점하고 자기들 마음대로 그런 특권을 행사할 수 있단 말인가? 그것이 자연의 섭리인가, 혹은 하나님의 뜻인가?[6] 또 그런 것이 인류 생존의 원칙인가 하고 저자는 지금 묻고 있다.

이제 우리는 하나님의 뜻을 그렇게 오도해 온 성경과 교회와 신학교의 교육을 근본적으로 재검토하고 기독교를 개혁하여, 하나님의 뜻을 살리도록 혁명적인 노력을 시작해야 할 것이다. 특히 성경을 그렇게 해석하고, 교회와 신학교에서 자기들 멋대로 배타적이고 왜곡된 신학과 신앙을 가르쳐서, 기독교를 수만 개의 종파와 교파로 분열시켜 온 죄악에 대하여 다수의 기독교인들에게 겸허한 반성과 개혁을 촉구하지 않을 수 없다.

9. 이미 현 천주교 교황도 유대교와의 오랜 단절을 지양하고 공존을 위한 대화를 시작하였다. 기독교는 지상의 모든 종교와 공존할 수 있는 자세를 갖추어야 한다. 동시에 모든 기독교인들은 인종이나 종교, 사회적 지위나 빈부 차에 관계없이 모든 인간을 다같이 존중하고, 전 인류가 선량한 이웃으로서 다같이 평화롭게 잘 살 수 있게 하는 운동에 선봉자가 되어야 할 것이 아닌가?

10. 물론 타종교와의 공존공영을 주장하는 것은 성경의 가르침과는 위반된다. 뿐만 아니라 만일 이러한 책이 중세기에 나왔다면 본 저자는 종교재판에 회부되어 이단으로 처형되었을 것이다.

그 악명 높았던 중세 종교재판소의 과오는 이미 널리 알려진 사실이지만, 종교개혁을 주장한 마틴 루터나 칼뱅의 이론도 이러한 본

---

6) 특히 구약성경에는 선민에게 특권을 준 것이 명시되어 있으며 또 중세기까지 대부분의 교황들과 천주교인들은 자기들의 특권을 믿고 주장한 것이 사실이다. 지금도 미국의 백인 우월주의자들은 스스로를 선민으로 자처하면서 그 사실을 당당하게 주장하고 있다.

저자의 주장을 받아들일 수 있는 여유가 없다. 그들도 역시 기독교의 독선과 배타의 영역에서 벗어나지 못했기 때문이다. 그러나 현교황이 인류 평화와 모든 종교와의 공존공영을 희망하고 유대교와의 관계를 정상화한 것은, 기독교가 인류를 위한 새로운 방향을 선정하고 새로운 길을 개척한 하나의 상징적인 노력이라고 할 수 있을 것이다.

11. 중세기의 종교재판이나 교황들의 독선과 박해는 물론 중남미에서 천주교가 남긴 역사, 그리고 북미에서 개신교인들이 남긴 역사가 기독교인들의 잔인성을 여실히 증명하고 있다. 기독교인들의 희생양이 된 아프리카의 흑인들이나 동남아시아인들도 제외할 수 없다. 또 다시 종교를 이유로 그러한 탄압과 차별이나 배척이 있어서는 안 된다. 그리고 과거와 같이 종교가 침략의 앞잡이가 되는 것을 인류가 이 이상 더 용납해서는 안 된다.

우리는 예수의 처형에서 기성 종교의 독선·배타성·증오, 권력에 의한 학살·탄압·차별 등을 볼 수 있었으며, 동시에 예수의 위대한 희생정신에서 한없는 사랑과 자비를 배울 수 있다. 그런데 아이러니한 것은 기독교인들이 득세한 이래로 오늘까지 그들은 예수나 초기의 기독교인들이 받았던 박해와 차별을 다른 종교인들에게 가해왔다는 사실이다.

만일 과거 기독교인들이 진정한 예수의 그 위대한 희생정신과 참다운 사랑을 알고 실천하였더라면 기독교는 그러한 살인적인 종교가 되지 않았을 것이며, 또 잔인한 종교집단으로 타락하지도 않았을 것이다. 기독교가 또다시 그러한 과오를 범해서는 안 될 것이다.

그렇지 않으면 영국의 토인비의 저서가 지적한 것과 같이 기독교는 국가와 경쟁하게 되고 인류사회의 암적인 존재가 될 수도 있다.[7]

어떠한 일이 있어도 기독교가 인류의 말세를 자초하는 종교가 되어서는 안 된다. 그것은 곧 하나님의 뜻을 거역하는 일이며, 종교 탄생 이전에 있었던 인류애에도 위반된다. 우리는 독선과 배타성을 배제해야 한다. 그렇지 않고서는 인류사회에 진정한 평화는 없을 것이며 인류와 종교가 존재하는 한 전쟁도 끊이지 않을 것이다.

12. 많은 종교인들이 인류의 평화적인 공존과 또 종교간의 평화적인 공존을 위하여 노력해 왔으며, 지구촌에는 벌써 많은 종교단체들도 공존의 방법을 모색하여 왔다. 그들은 협회를 만들고 위원회도 만들어서 대화를 계속해 왔다. 그러나 모두 넘을 수 없는 한계점에서 서로의 양보만을 기대하고 대화만 유지하는 상태에 빠져 있다. 모두가 자기들의 종교에는 아무런 문제가 없다는 것이다. 서로가 자기 종교의 교리를 고수하면서 재회를 약속하는 만남에 불과한 것 같다.

물론 그들의 동기와 만남 자체도 중요하고 또 그들의 전진적인 성명은 아주 희망적이다. 그러나 각 종교의 교리상의 대립은 여전하고 종교인들의 대립 분쟁도 끊임없이 계속되고 있다.

모든 종교가 자기들의 교리에 관한 한, 한치의 양보도 없이 상대방이 그들의 교리를 수정함으로써 공존할 수 있기만을 기대하고 있

---

7) Toynbee, A., *A Study of History, Abridgement of Vols.*, VII-X by Somervill, D.C., 1987, p. 76.

다면 종교단체 간의 대화나 교섭에서 무엇을 기대할 수 있겠는가? 그것은 명백히 막힌 골목이 아니면 넘을 수 없는 장벽이다.

종교인들은 물론 인류 전체가 알고 확인해야 할 것은, 인류의 미래를 위하여 가장 중요한 것은 어느 특별한 종교의 교리나 그 종교 단체의 힘이나 우선권 또는 선취권이 아니라 인류의 생존문제라는 사실이다. 인류가 살아남기 위하여, 그리고 평화적으로 서로 공존 공영하기 위하여 무엇이 중요한가를 먼저 생각해야 한다. 어떤 한 종교의 성경 구절이나 교리가 대다수인 인류의 생명보다 더 중요한가? 하나의 종교의 교리를 수호하기 위하여 대다수의 인류를 배척·차별·학살·희생시켜도 된다는 말인가? 이것을 먼저 판단해야 한다.

인류의 운명을 과거와 같이 하나의 종교 단체의 지도자들이 결정 하여서는 안 된다. 중세기의 종교국가들처럼 종교가 압도적인 힘을 발휘하고 있는 나라에서는 종교적인 지상명령이 거의 절대적이다. 그것은 보이지 않는 하나님과 교리의 힘을 종교인들이 이용하여 자기 주장을 관철시킬 목적으로 신의 뜻을 들고 나온 절대성이다. 그런데 바로 그 종교인들이 들고 나온 신의 절대성이 곧 인간의 독선이 되며, 그것이 인류사회의 심각한 분쟁과 대립의 원인이 되어 온 것을 역사가 증명하고 있다.

인류의 미래가 이런 종교인들에 의하여 결정된다면, 특히 하나의 종교에 의한 통치나 하나의 종교에만 귀의할 것을 강요하고 그렇지 않으면 자기 종교를 위해서 성전(聖戰)도 불사한다는 순교자 정신 으로 세계종교평화회의나 대화에 나선다면, 그런 종교인들로부터 무엇을 기대할 수 있겠는가? 또 그들의 종교에 속하지 않는 대다수의 인류의 갈 길은 어디에 있는가?

13. 세계평화를 위한 세계종교협의회나 위원회에 참여하는 종교인들이 각자가 자기의 교리만을 수호하려는 정신으로, 즉 순교자가 될 각오와 정신으로 무장하고 만났을 때, 자기 종교의 존속과 확장을 위한 것 이외에 무슨 일을 할 수 있겠는가? 그렇다면 그들이 인류를 위하여 무슨 일을 할 수 있다고 기대할 수 있겠는가? 만일 그런 모임에서 자기 종교의 교리에 반하는 주장을 하고 귀국하면 그들은 어떻게 되겠는가? 그런 모임이 계속된다고 하여도 서로가 넘을 수 없는 한계점만 확인하고 헤어지면서 앞으로도 대화를 계속하자는 것 이외에 무엇을 더 기대할 수 있겠는가?

모든 종교가 자기들의 교리와 인류 생존의 가치를 비교하고 그 중요성을 먼저 결정해야 한다. 그것이 세계의 모든 종교가 공존할 수 있는 길을 찾는 데 필요한 선결조건이다. 다시 말하면 전쟁도 불사하고 인류 전체를 희생시키더라도 자기 종교의 교리만은 사수할 것인가, 혹은 전쟁을 포기하고 인류가 살아남는 것이 더 중요한가를 먼저 결정해야 한다.

자기 희생을 각오하고 인류의 생존을 위하여 필요하다면 종교적인 독선이나 배타적인 교리를 수정할 용의는 있는가 없는가 하는 것부터 결정해야 한다. 종교단체들이 과거와 같이 자기들은 한치의 양보도 하지 않고 상대방의 교리 수정이나 후퇴를 기대하고 요구한다면, 앞으로 또 수천 년의 대화를 계속해도 큰 기대를 할 수 없을 것 같다.

문제는 종교적 대립과 종교전이 계속되는 세계에서 앞으로 인류가 얼마나 더 그런 무책임하고 이기적인 종교인들에게 이런 중대한 일을 위임하고 기다릴 수 있겠느냐는 것이다. 다시 말하면 언제, 어떤 종교단체의 과격한 집단이 무슨 무기로 세계대전을 시작할지도 모르는 상황에서 우리가 살고 있다는 사실을 인류는 좀더 심각하게 인식하고 그에 대처해야 한다. 가까운 장래에 많은 소수의 극렬분자들이 핵무기보다 더 간단하고, 더 무서운 무기로 자기의 신앙을 지키기 위하여 성전을 시작할 수 있는 가능성을 인류는 직시해야 한다. 사실 그 가능성이 점점 더 커지고 있다.

이러한 위험한 인류사회에서 각 종교가 입으로는 세계 평화를 주장하고 또 세계 평화를 위한 회의를 주도하면서 사실은 자기 세력 확장에만 총력을 기울인다면 인류가 그들로부터 무엇을 더 기대할 수 있겠는가? 두말할 것 없이 결과는 명백하다.

그렇다면 우리는 무엇을 어떻게 해야 할 것인가? 인류는 먼저 인류의 생존이 더 중요한가, 하나의 종교의 교리를 수호하는 것이 더 중요한가를 먼저 판별해야 한다. 내 종교의 교리를 수호하기 위해서는 인류가 종교전으로 전멸하는 한이 있어도 순교의 정신으로 밀고 나가야 할 것인가, 아니면 인류의 생존을 위하여 내 종교의 교리를 수정해야 할 것인가를 먼저 결정해야 한다. 즉 자기 종교의 교리 수호를 위하여 인류 말살도 불사한다는 성전을 불법화하고, 모든 문제를 평화적으로 해결하자는 세계적인 합의를 이끌어내야 한다. 인류가 살아남기 위해서는 그런 합의를 먼저 창출하고 그 결의를 실천할 수 있는 방법과 제도적 장치를 마련해야 한다는 것이다. 만일 그렇게 한다면 인류의 미래에 큰 희망을 걸 수 있다. 이것은 인류가 직면하고 있는 가장 심각하고 중요한 현실 문제의 하나이다.

과거의 종교 단체들은 언제나 필요할 때는 자기들의 교리를 수정하고 바꾸어 왔다. 앞으로도 필요할 때는 각자의 배타적인 교리를 수정해서라도 인류는 생존해야 한다.

  과거 수천 년 동안 종교인들이 자기들 멋대로 필요에 따라 교리를 수정해 온 것이 사실인데, 갑자기 앞으로는 수정할 수 없다는 말은 받아들일 수가 없지 않은가?

  자기의 교리를 보존하고 자기의 종교 세력을 유지·확장하기 위해서 예수의 희생과 같은 일이 두 번 다시 일어나서는 안 된다. 종교는 세력 다툼이 아니라 개인의 신앙 생활을 자유롭게 해주는 역할에 전력을 다해야 한다는 가장 기본적인 임무에 모든 종교단체가 충실하면 이런 문제도 비교적 간단하게 해결될 수 있을 것이다.

  자기의 신앙 때문에 예배도 같이 드릴 수 없고, 일도 같이 할 수 없고, 운동도 같이 할 수 없고, 같이 하던 일도 중단해야 하는 등 서로 도와줄 수 없는 신앙이 되어서는 안 된다. 교육도 같이 받을 수 없으며, 사랑하는 남녀가 신앙 때문에 헤어져야 하고, 사랑도 결혼도 할 수 없고, 인류가 같이 살 수도 없다면, 그런 신앙을 기준으로 인간을 차별하는 종교인들은 그런 신앙이나 종교가 누구를 위한 것인가를 다시 한 번 생각해 보아야 할 것이다. 그리고 종교나 신앙이 인류 전체를 위한 것이 아니고 소수의 자기들만을 위한 것인가도 아울러서 생각해 보아야 한다.

  테레사 수녀가 그런 생각으로 일생을 다른 종교를 믿는 사람들이나 종교를 믿지 않는 사람들을 위하여 헌신했겠는가? 편협한 종교적 신념이나 배타적인 신앙생활은 인류사회에 불안의 요소가 되며 죄 없는 사람들을 차별하고 적대시하게 된다. 뿐만 아니라 잘못하면 전쟁의 원인이 될 수도 있다.

종교인들이 자기의 종교적인 신념을 일방적으로 강조하고 타종교의 존재를 부정할 때 성전이 일어난다는 것은 수차 반복해서 진술한 바 있다. 그런 사람들이 먼저 인류가 서로 죽이지 않고 평화롭게 같이 살아가야 하는 데 필요한 기본 원리와 행동지침을 확인하고 종교의 존재 가치와 그 목적을 이해하면, 참으로 간단하게 해결될 수 있는 문제가 아닌가? 테레사 수녀는 아주 간단하게 그 문제를 현실적으로 해결하고 실천하지 않았는가?

다시 말하면 신앙의 차별 없는 인류 사회, 그리고 인종이나 민족간의 차별 없는 사회, 국가간 즉 강대국과 약소국가 간의 차별 없는 사회, 빈부의 차를 기준으로 하는 차별이나 강자와 약자간의 차별이 없는 사회, 문화나 언어면에서의 차별이 없는 사회, 또 출신 지역이나 나라를 기준으로 하는 차별이 없는 사회, 그러한 인류 사회를 건설하자는 것이다. 전 인류가 다같이 평화스럽게 살 수 있는 그러한 지구촌을 건설하자는 것이다.

그런 인류사회 건설이 모든 종교의 최고 최대의 사명의 하나가 되어야 할 것이다. 만일 그러한 사명이 없는 종교가 있다면 그런 종교는 인류사회에 필요없는 존재가 될 것이다.

그런데 왜 인류가 8,000년 동안이나 이런 문제 때문에 서로 싸우고 그 많은 희생자를 내면서 아직도 종교 때문에 피를 흘리고 있는가? 그것은 인류가 해결해야 할 참으로 심각한 문제이다. 그 해결의 원리와 방법의 하나라도 이 책에서 독자들이 찾을 수 있다면 그 이상의 영광이 없겠다.

14. 나는 죽는 날까지 예수의 그 위대한 정신과 사랑을 배우고 실

천하다가 가고 싶은 생각으로 이 책을 쓰기 시작하였다. 자료를 모으고 연구하는 과정에서 여기저기서 발견한 새로운 사실과 지식이 나의 진리와 지식에 관한 의욕을 충족시켜 주었고, 동시에 나의 삶에 새로운 뜻을 부과하여 주었다. 또 그것은 새로운 나의 인생의 출발이기도 하였다.

15. 결론이 길어졌으나 이 책의 주장은 다음과 같이 요약할 수 있다. 즉 기독교는 예수가 십자가에서 보여주신 용기, 자비, 관용, 구원, 사랑, 그리고 그 위대한 희생정신으로 돌아가야 한다.

그것은 진정 예수 정신의 부활을 뜻한다. 그것만이 인류가 다같이 평화롭게 살 수 있는 길이기 때문이다. 즉 기독교는 예수의 정신으로 개혁되어 타종교와 공존·공영하여야 인류의 구원과 평화를 이룩할 수 있다. 이것이 이 책의 결론이요, 또 나의 신념이다.

16. 오랫동안 위선과 기만 속에 숨겨져 있었고 또 왜곡(歪曲)되어 있던 종교의 진상을 밝혀서 한 사람의 눈이라도 뜨게 하여 진실을 보게 하고, 종교의 나갈 길과 인류의 살길을 좀더 확실하게 볼 수 있게 하였다면 이 책은 그 사명을 다한 것이다.

17. 무참하게 학살당한 수많은 패자들의 영혼을 대변할 수는 없으나 과거의 비인도적인 침략자들의 죄악을 지적하고, 평화적인 미래의 인류사회를 위하여 인간의 이성과 정의감에 호소하려고 많은 밤을 새우면서 연구하고 불의와 부정에 도전한 이 노 성직자가 쓴 책을 끝까지 읽어 주신 독자들에게 진심으로 감사를 드린다. 그리

고 많은 훌륭한 기독교인들의 진실한 삶과 그들의 헌신적인 봉사에
찬사를 보내면서 이 책을 마친다.

참고문헌

〔참고문헌〕

Abdul-Jabbar, K., Black Profiles in Courage, New York, 1996.

Ayto, J., Dictionary of World Origin, New York, 1991.

Axelrod, A., Chronicle of the Indian Wars, New York, 1993.

Axtell, J., The European and the Indian: Essays in the Ethnohistory of Colonial America, Oxford University Press, 1981.

Angus, S., The Mystery Religions and Christianity, Murray, 1925.

Armstrong, H.W., Mystery of the Ages, New York, 1985.

Backman, E.L., Religious Dances in the Christian Church and in Popular Medicine, Allen & Unwin, 1952.

Baigent, M., Leigh, R., The Dead Sea Scrolls Deception, New Yok, 1991.

Baigent, M., Leigh, R., and Lincoln, H., The Holy Blood and the Holy Grail, London, 1982.

Barbour, P.L., Pocahontas and Her World, Boston, 1970.

Barbour, P.L., The Three Worlds of Captain John Smith, Boston, 1964.

Barnstone, W., ed., The Other Bible, Harper San Francisco, 1983.

Barrett, D.B., ed., World Christian Encyclopedia - A Comparative Study of Churches and Religions in the Modern World, AD 1900- 2000, Oxford University Press, 1982.

Barrow, J., The Origin of The Universe, New York, 1994.

Bauder, C., Picasso, S., Le cities perduers des Mayas Gillimard, Paris, 1987, マヤ文明, 落合 一泰 監修, 大阪, 1994.

Bennett, R.K., The Global War on Christians, Reader's Digest,

August, 1997, pp. 51-55.

Bently, P., Gen. ed., The Dictionary of World Myth, New York, 1995.

Bernard, C., Les Incas, Peruple du Soeil, Paris, 1988, インカ 帝國, 大貫 良夫 監修, 大阪, 1995.

Biema, D.V., The Gospel Truth, Time, 4-8-96, pp. 52-60.

Block, I., Sexual Life in England, Past and Present, Aldor, 1938.

Brown, J., The English Puritans, Cambridge University Press, 1910.

Budge, E.C. Wallis, Egyptian Religion, New York, 1996.

Burenhult, G., Gen. ed., The First Human, Human Origin and History to 10,000 BC, New York, 1994.

Burenhult, G., Gen. ed, People of the Stone Age, New York, 1993.

Cairns, E.E., Christianity Through the Centuries, a History of the Christian Church, ケアンズ 基督教全史, 聖書圖書 刊行會發行, 東京, 1957.

Calvin, J., Institute of the Christian Religion, Clarkem 1935.(Presbyterian Board of Christian Education, 1936).

Calvin, J., Institutio Christianae Religionis, カルヴィン 基督教綱要 第1篇, 第2篇, 中山 昌樹 譯, 東京, 1956.

Carruth, G., The Encyclopedia of World Facts and Dates, New York, 1993.

Castleden, R., The Concise Encyclopedia of World History, JG Press, 1996.

Cawthorne, N., Sex Lives of the Popes, Prion, London, 1996.

Chadwick, O., A History of Christianity, New York, 1995.

Chazan, R., In The Year 1096, The First Crusade and the Jews, Philadelphia & Jerusalem, 1996.

Chesnoff, R.Z., God's City, U.S. News & World Report, 12-18-95, pp. 62-70.

Clayton, P.A., Chronicle of the Pharaohs, New York, 1995.

전요섭 편집, 통계와 숫자로 보는 예화 자료집 I, II, 서울, 1989.

趙義高 監修, 敎皇時代의 낮과 밤, 서울, 1971.

Cobb, T.R.R., An Inquiry into the Law of Negro Slavery in the United States of America, Philadelphia, 1858.

Cornish, D.T., The Sable Arm: Negro Troops in the Union Army, 1861-1865, New York, 1956.

Coulton, G.C., Inquisition and Liberty, Heinemann, 1938.

Cowley, M., Black Cargoes: A History of the Atlantic Slave Trade, 1518-1865, New York, 1962.

Craven, W.F., The Southern Colonies in the Seventeenth Century: 1607-1689, Louisiana State University, 1949.

Cross, F.L., ed., The Oxford University Dictionary of the Christian Church, Oxford University Press, 1993.

Crystal, D., ed., The Cambridge Factfinder, Cambridge University Press, 1993.

Curtin, P.D., The Atlantic Slave Trade: A Census, University of Wisconsin Press, Madison, 1969.

Darnton, J., Neanderthal, New York, 1996.

Davidson, B., The African Slave Trade: Pre-colonial History, 1450-1850, Boston, 1961.

Davies, P., The Last Three Minutes, New York, 1994.

Davis, D.B., The Problem of Slavery in Western Culture, Ithaca, New York, 1966.

Davis. D.B., The Problem of Slavery in the Age of Revolution, 1770-1823, Ithaca, New York, 1975.

Davis, D.B., Slavery and Human Progress, New York, 1984.

Debo, A., A History of the Indians of the United States, University of Oklahoma Press, 1974.

Debow, J.D.B., The Interest in Slavery of the Southern Non-Slaveholder, Charleston, S.C., 1860.

Dennett, J.R., The South As It Is: 1865-1866, New York, 1967.

Dodd, F., An Introduction to the Study of Christianity, Allen & Unwin, 1938.

Doren, C. V., A History of Knowledge, New York, 1991

Duchesne, L., Christian Worship: its origin and evolution, S.P.C.K., 1903.(Young, 1903).

Elliott, E.N., ed., Cotton is King, and Pro-Slavery Arguments, New York, 1968: orig. pub. 1860.

Epstein, L.M., Sex Laws and Customs in Judaism, Bloch, 1948.

Erdrich, L., The Bingo Palace, New York, 1994.

Evans, W.M., "From the Land of Canaan to the Land of Guinea: The Strange Odyssey of the Sons of Ham," American Historical Review, LXXXV, February, 1980.

Everett, S., History of Slavery, New Jersey, 1996

Faminghetti, R., ed., The World Almanac And Book of Facts, New Jersey, 1994. & 1997.

Faust, D.G. ed., The Ideology of Slavery: Proslavery Thought in the Antebellum South, 18030-1860, Baton Rouge, LA., 1981.

Feuchi, O., Sex in the Church, St. Louis, 1961.

Foner, E. and Garraty, J.A., ed., The Reader's Companion to American History, Boston, 1991.

Fox, R.L., Pagans and Christians, New York, 1989.

藤永 茂, アメリカ インデイアン 悲史, 東京, 1993.

Garraty, J.A., 1001 Things Everyone Should Know About American History, New York, 1989.

Genovese, E.D., The Political Economy of Slavery, New York, 1967.

Gies, F. & J., Cathedral, Forge, and Waterwheel, New York, 1994.

Gould, S.J., Gen. ed., The Book of Life, an Illustrated History of the Evolution of Life on Earth, New York, London, 1993.

Grant, B., Concise Encyclopedia of the American Indian, Revised Ed., New York, 1989.

Grant, M., Constantine The Great, The man and his times, New York, 1993.

Grove, N., National Geographic Atlas of World History, Washington, D.C., 1997

Gunn, B., The Timetables of History, The New Third Edition, New York, 1991.

Hall, J.W., Gen. ed., History of the World: 1. Earliest Times to the Renaissance; 2. The Renaissance to World War I; 3. World War I to the Present Day, Greenwich, C.T., 1988.

Halliday, W.R., The Pagan Background of Early Christianity, Hodder & Stoughton, 1925.

Harkness, G., John Calvin: A Study in Conflicts and Conquests, Holts, 1931.

Harley, S., The Timetables of African-American History, New York, 1995.

Harper, K., Give Me My Father's Body, Ottawa, 1986.

Higginbotham, Jr., A.L., In the Matter of Color: Race and the American Legal Process, the Colonial Period, New York, 1978.

Hirch, Jr., E.D., Kett, J.F., and Trefil, J., The Dictionary of Culture Literacy, Boston & New York, 1993.

Hirschfelder, A., and de Montano, M.K., The Native American Almanac, Macmillan, 1993.

比屋根 安定, 世界宗教史, 東京, 1956.

比屋根 安定, 埃及宗教文化史, 東京, 1931.

홍일권 편저, 세계 기독교 정보, 서울, 1994.

Hopkins, W., The History of Religions, New York, 1918

Houghton, S.M., Sketch from Church History, Banner of Truth, 1960, 정중은 역, 기독교 나침반사, 994.

Hughes, J., Gen. ed., The Larousse Desk Reference, New York, 1995.

Housley, N.J., The Later Crusades: 1274-1580, Cambridge University Press, 199

Isichei, E., A History of Christianity in Africa, Michigan, 1995.

Johanson, D. & Johanson, L., and Edgar, B., Ancestors in Search of Human Origins, New Yok, 1994.

Johnson, O., 1997 Information Please Almanac, Boston & New York, 1997.

Jordan, M., Encyclopedia of Gods (over 2,500 Deities of the World), New York, 1993.

Josephy, Jr., A.M., 500 Nations, New York, 1994.

柏井 園, 基督敎史, 東京, 1957.

Kawamoo, S., ed., Kodansha's New World English-Japanese Dictionary, Tokyo, 1973.

Kelly, J.N.D., Oxford Dictionary of the Popes, Oxford, 1986.

金良善, 韓國基督敎 解放十年史, 大韓예수敎長老會 宗敎敎育部, 1956.

김수학, 世界敎會史, 普文社, 서울, 1993.

King, Jr., M.L., I Have A Dream, New York, 1963.

Klein, H.S., The Middle Passage: Comparative Studies in the Atlantic Slave Trade, Princeton, N.J., 1978.

Kolchin, P., American Slavery: 1619-1877, New York, 1993.

Kochin, P., "In Defense of Servitude: American Pro-slavery and Russian Proserfdom Arguments, 1760-1860," American Historical

Review, LXXXV, October, 1980.

Kugel, J.L., The Bible As It Was, Harvard University Press, 1997.

Kuper, L., The Prevention of Genocide, Yale University Press, 1985.

Latourette, K.S., A History of Christianity, Vol. 2., New York, 1975, 基督敎史, 윤두혁 역, 생명의 말씀사, 1980.

Lea, H.C., Sacerdotal Celibacy in the Christian Church, Philadelphia, 1867.

Leaky, R. and Lewin, R., Origins - Reconsidered, New York, 1992.

Leakey, R., The Origin of Humankind, New York, 1994.

李章植, 基督敎思想史, 大韓基督敎書會, 1963.

Lee, M., ed., Larousse Dictionary of British History, New York, 1994.

Lemonick, M.D., Are the Bible Stories True? Times, 12-18-95, pp. 62-70.

Lequenne, M., Christophe Colomb Amiral de la mer Oceane, Paris, 1991: 大貫 良夫 監修, コロンブス, 大阪, 1992.

Lester, J., To Be A Slave, New York, 1968.

Lewis, B., Race and Slavery in the Middle East, Oxford University Press, 1990.

Lovejoy, P.E., "The Volume of the Atlantic Slave Trade: A Synthesis," Journal of African History, XXIII, No. 2, 1982.

Luce, H.R., Editor-in-chief, The World's Great Religions, New York, 1957.

Luther, M., "On the Jews and their Lies," in Sherman, F., ed., Luther's Work, Philadelphia, 1971, Volume 47.

Mann, H.K., Lives of the Popes, London, 1925.

Marr, G.S., Sex in Religion, London, 1936.

McArthur, T., ed., The Oxford Companion to the English Language,

Oxford University Press, 1992.

Mcbrien, R.P., Gen. ed., Encyclopedia of Catholicism, New York, 1989.

McCabe, J., A History of the Popes, London, 1949.

McDougall, W., Let The Sea Make a Noise, New York, 1993.

McFeely, W.S., Frederick Douglass, New York, 1991.

McGeary, J., Echoes of the Holocaust, Time, 2-24-97, pp. 37-44.

McPherson, J.M., The Negro's Civil War: How American Negroes Felt and Acted During the War for the Union, New York, 1965.

Meeks, W.A., The Origins of Christian Morality, Yale University Press, 1993.

Metzger, B.M. and Coogan, M.D., ed., The Oxford Companion to The Bible, Oxford University Press, 1993.

Meyer, J., Erclauer et Negriers, Paris, 1986, 奴隷 奴隷商人, 猿谷 要 監 修, 大阪, 1992.

Miller, J., Slavery: A Worldwide Bibliography, White Plains, New York, 1985.

Miller, R.M. and Smith, J.D., ed., Dictionary of African American Slavery, New York, 1988.

Morgan, L.H., League of the Iroquois, JG Press, 1955

Matthiessen, P., African Silences, New York, 1991.

Morgan, E.S., American Slavery, American Freedom: The Ordeal of Colonial Virginia, 1975.

Mormon, The Book of Mormon, The Church of Jesus Christ of Latter Day Saints, Utah, 1981.

Mossiker, F., Pocahontas: The Life and Legend, New York, 1976.

Mullin, M., ed., American Negro Slavery, New York, 1976.

Nabokov, P., ed., Native American Testimony, New York, 1991.

Netanyahu, B., The Origins of the Inquisition, New York, 1995.

Nies, J., Native American History, New York, 1996.

Norwich, J.J., Byzantium, The Decline and Fall, New York, 1996.

Noss, J.B., Man's Religions, New York, 1956.

박영호, 淸敎徒의 信仰, 기독교 문서 선교회, 1994.

Pakenham, T., The Scramble for Africa, New York, 1991.

Parish, P.J., Slavery: History and Historians, New York, 1989.

박도식, 천주교와 개신교, 서울, 1996.

Pastor, L., History of the Popes, London, 1949.

Prucha, F.P., The Sword of the Republic: The United States Army on the Frontier, 1783-1846, New York, 1977.

Quarles, B., The Negro and the Civil War, Boston, 1953.

Rabinowitz, H.N., Race Relations in the Irban South: 1865-1890, Oxford University Press, 1978.

Rawley, J.A., The Transatlantic Slave Trade: A History, New York, 1981.

Redford, D.B., Egypt, Canan, and Israel in Ancient Times, New Jersy, 1992.

Riley-Smith, J., ed., The Oxford Illustrated History of the Crusades, Oxford University Press, 1995.

Roberts, J.M., History of the World, Oxford University Press, 1993,

Rogers, J.A., Sex and Race, New York, 1940.

Rose, W.L., Editor, A Documentary History of Slavery in North America, New York, 1976.

Rosemary and Pardoe, D., The Female Pope, Wellingborough, 1988.

Royids, E., translated by Durrell, L., Pope Joan, London, 1954.

류형기, 성서사전 (Bible Dictionary), 서울, 1960.

Sastrow, B., Social Germany in Luther's Time, Constable, 1902.

Setton, M.W., Gen. ed., A History of the Crusades, 2nd ed., Vol. 1, University of Wisconsin Press, 1969; 2nd ed., Vol., II, 1969; Vol. III, 1975; Vol. IV, 1977; V, 1985; VI, 1989.

Schumaker, D. ed., Seven Language Dictionary, New York, 1978.

Shanks, H., ed., Understanding the Dead Sea Scrolls, New York, 1992.

Sheler, J.L., Tharp, M., Seider, J.J., In Search of Jesus, U.S. News & World Report, 4-8-96, pp. 46-53.

Sherry, F., Pacific Passions, New York, 1994.

Stannard, D.E., American Holocaust, Oxford University Press, 1992.

Staub, E., The Roots of Evil: The Origins of Genocide and Other Group Violence, Cambridge University Press, 1989.

Sturtevant, W.C., Gen. ed., Handbook of North American Indians, 20 Vols., Washington, D.C., GPO, 1977.

Tannnahill, R., Sex in History, London, 1980.

Tate, G., L'Orient des Croisades, Paris, 1991, 十字軍, 池上 俊一 監修, 大阪, 1996.

Taylor, G.R., Sex in History, New York, 1954.

The Lost Books of the Bible and The Forgotten Books of Eden, World Bible Publications, Inc., 1927.

The World Almanac and Book of Facts, 1994.

Thieling, B., Jesus the Man, London, 1992.

Thomas, H., The Slave Trade, New York, 1997.

Time-Life Books, Ed., Egypt: Land of the Pharaohs, Virginia, 1992.

Time-Life Books, The Wild West, New York, 1993.

富田 虎男, アメリカ インディアンの 歴史(改訂), 東京, 1986.

Toynbee, A.J., A Study of History, (Abridgement of Volumes I-VI

& VII-X by Somervell, D.C.), Oxford University Press, 1957.

Trager, J., The People's Chronology, New York, 1992.

Utley, R.M., Frontier Regulars: The United States Army and the Indians, 1866-1891, New York, 1973.

Utley, R.M., The Lance and The Shield, New York, 1993.

Vaughan, A.T., American Genesis: Captain John Smith and the Founding of Virginia, Boston, 1975.

Wade, R.C., Slavery in the Cities, Oxford University Press, 1964.

Walker, W., A History of the Christian Church, 3rd ed., New York, 기독교회사, 류형기 역편, 서울, 1979.

Westermarck, E.A., A History of Human Marriage, Macmillan, 1921.

White, E.G., The Great Controversy, 各時代의 大爭鬪, 上, 천세원 편, Seoul, 1982.

Wiecek, W.M., "The Statutory Law of Slavery and Race in the Thirteen Mainland Colonies of British America," William and Mary Quarterly, XXXIV, 1977.

Williams, N.P., The Ideas of the Fall and of Original Sin, Longmans, Green, 1927.

Wilson, A.N., Jesus, London, 1992.

Wilson, E., The Diversity of Life, Harvard University Press, 1992.

Winn, P., Americas, The Changing Faces of Latin America and Caribbean, New York, 1992.

Woodward, K., Rethinking The Resurrection, Newsweek, 4-8-96, pp. 60-70.

● 종교개혁 500주년을 맞이하는 자세 ●

2017년은 종교개혁 500주년을 맞이하는 해이다. 1517년 10월 31일, 마르틴 루터는 가톨릭의 면죄부 판매에 항의하며 〈95개 조 반박문〉을 비텐베르크성의 교회 문에 붙였고, 이 반박문은 민중들을 계몽시키며 종교개혁운동의 시발점이 되었다. 세계 개신교 교회와 기독교 단체는 '종교개혁'의 의미를 되새기고 그 의미를 현대에 맞게 새롭게 조명하려는 노력을 기울이고 있다.

종교개혁은 다음의 다섯 가지로 요약할 수 있다.

첫째, 오직 성경(Sola Scriptura)
둘째, 오직 그리스도(Solus Christus)
셋째, 오직 은혜(Sola Gratia)
넷째, 오직 믿음(Sola Fide)
다섯째, 오직 하나님께 영광(Soli Deo Gloria)

종교개혁은 하나님 앞에 다시 바로 서고자 했던 신앙의 몸부림이다. 그러므로 현대를 살아가는 우리에게 주는 메시지는 그때나 지금이나 동일하다. 우리가 종교개혁을 가능하게 했던 기본 정신을 충분히 알고 각자 생활 속에서 실천할 수 있게 된다면, 종교개혁이 단지 과거의 사건이 아니라 오늘 우리 삶에서도 진정한 종교개혁이 계속 일어날 수 있음을 깨달을 수 있을 것이다.

기독교 죄악사 |하

조찬선 지음

발행처 | 도서출판 평단
발행인 | 최석두

초판 1쇄 인쇄 | 2017년 11월 20일
초판 1쇄 발행 | 2017년 11월 24일

출판등록 | 1988년 7월 6일 / 등록번호 | 제2015-000132호
주소 | (10594) 경기도 고양시 덕양구 통일로140(동산동 376)
　　　삼송테크노밸리 A동 351호
전화번호 | (02)325-8144(代)
팩스번호 | (02)325-8143
이메일 | pyongdan@daum.net
블로그 | http://blog.naver.com/pyongdan

ISBN | 978-89-7343-501-2　(04300)
　　　978-89-7343-502-9　(전2권)

값 · 13,800원